비밀의 취향

비밀의 취향

지은이 / 자크 데리다, 마우리치오 페라리스
옮긴이 / 김민호
펴낸이 / 강동권
펴낸곳 / (주)이학사

1판 1쇄 발행 / 2022년 6월 10일
1판 2쇄 발행 / 2022년 9월 30일

등록 / 1996년 2월 2일 (신고번호 제1996-000015호)
주소 / 서울시 종로구 율곡로13가길 19-5(연건동 304) 우 03081
전화 / 02-720-4572 · 팩스 / 02-720-4573
홈페이지 / ehaksa.kr
이메일 / ehaksa1996@gmail.com
페이스북 / facebook.com/ehaksa · 트위터 / twitter.com/ehaksa

ISBN 978-89-6147-411-5 93100

LE GOÛT DU SECRET by Jacques Derrida and Maurizio Ferraris
Copyright ⓒ Hermann Éditeurs, 2018

All Rights Reserved.
Korean Translation Copyright ⓒ 2022 Ehaksa Inc.

This Korean edition is published by arrangement with Professor Maurizio Ferraris
through Guy Hong Agency, Seoul.

이 책의 한국어판 저작권은 기홍에이전시를 통해 Maurizio Ferraris와 독점 계약한 (주)이학사에 있습니다. 저작권법에 의해 한국 내에서 보호를 받는 저작물이므로 무단 전재와 무단 복제를 금합니다.

* 책값은 뒤표지에 표시되어 있습니다.

비밀의 취향

Le goût du secret

자크 데리다
마우리치오 페라리스 지음

김민호 옮김

일러두기

1. 이 책은 J. Derrida et M. Ferraris, *Le goût du secret*, 2018, Paris, Hermann을 우리말로 옮긴 것이다.
2. 인명이나 주요 용어는 처음 나올 때 한 번 원어를 병기하였다. 단 주요 용어는 문맥 이해에 필요할 경우 두 번 이상 병기를 하기도 하였다.
3. 원서의 이탤릭체는 고딕체(단 이탤릭체 중 도서명은 『 』)로, ≪ ≫는 " "로, 대문자는 ' '로 표기하였다.
4. 지은이의 각주는 숫자로, 옮긴이의 각주는 별표(*, **)로 표기하였다.
5. 원서의 줄표는 경우에 따라 생략하기도 하였다.
6. 부호의 쓰임은 다음과 같다.
   『 』: 책 제목
   「 」: 논문 제목
   ( ): 지은이의 부연 설명
   [ ]: 프랑스어판 편집자의 부연 설명, 각주의 출전에서 옮긴이가 추가한 한국어판.
   [*]: 옮긴이의 부연 설명

차례

프랑스어 판본에 부쳐 7

I 9
II 37
III 68
IV 112
V 133
VI 155

후기 186

옮긴이의 말 205

프랑스어 판본에 부쳐

마우리치오 페라리스Maurizio Ferraris와 자크 데리다Jacques Derrida의 대담을 출간한다. 인용 텍스트의 출전 표기는 수정하였다. 이 대담은 본래 이탈리아어로 출간되었다(*Il gusto del segreto*, Bari, Laterza, 1997). 이 책은 이멕Institut Mémoires de l'édition contemporaine(IMEC)에 보관된 프랑스어 타자본을 충실히 복원한 것으로, 이탈리아에서 출간된 1997년의 텍스트와는 현저히 다르다.[1] 폴린 이아로시Pauline Iarossi와 세레나 미넬라 Serena Minnella가 텍스트를 교정하고 참고 문헌을 고치는 데 참여했다. 그들의 학술적 작업에 큰 감사를 표한다.

대담의 텍스트를 가능한 한 충실하게 복원한다는 원칙에 따라 정확을 기할 필요가 있을 때나 문장이 구문상 텍스트의 이해를 성가시게 할 정도로 지나치게 구어적인 표지를 지니고 있을 때 각주를 추가했다(편집자로 표기). 오기 및 오타의 단순

---

[1] 63쪽 정도 되는 타자본 원고의 여백에 데리다가 손수 메모를 달았다. 이는 1993년 7월부터 1995년 1월까지 프랑스어 및 이탈리아어로 이루어진 대담들을 충실하게 복원한 것이다. 마지막 대담은 '삼자 대담'으로 자니 바티모Gianni Vattimo가 주도했다.

교정 외에 편집자가 덧붙이거나 수정한 사항은 분명히 밝혀두었다.

안드레아 벨란토네Andrea Bellatone와 아서 코헨Arthur Cohen

I

형상이란 형상 없는 것의 흔적이다.* 형상 없는 것이 형상을 배태하는 것이지 그 역이 아니다. 질료가 현전하는 즉시 형상 없는 것이 형상을 배태한다. 하지만 질료는 극단적으로 아득해지는 것이다. 질료는 그 자체로는 아무런 형상이 가장 하등한 정도로라도 없기 때문이다. 그러니까 사랑할 만한 것이 형상에 의해 형상화되는 존재이지 질료가 아니라면, 질료 안에 있는 형상이 영혼으로부터 유래하는 것이라면, 영혼이 더 고등한 차원에서 형상이고 또 욕망할 만한 것이라면, 지성이 그보다도 더 고등한 차원에서 형상이고 또 욕망할 만한 것이라면 우리는 '아름다움'의 제일 본성이 무형의 것임을 받아들여야 한다.[1]

---

* 데리다는 이 구절을 『철학의 여백들』에 수록된 「형식과 말뜻」("La forme et le vouloir-dire", in *Marges de la philosophie*, Minuit, 1972)의 제사로도 활용한 바 있다.

[1] Plotin, *Ennéades*, trad. E. Bréhier, tome VI, Paris, Les Belles Lettres, 1989, VII, 33, p. 107.

데리다: 만약 "체계"라는 말을 그 최소한의 의미만을 고려해서 귀결·일관성·고집 같은 것으로, 특정한 모아들임으로 새긴다면 체계를 향한 명령이 존재하게 됩니다. 이 명령은 제가 결코 포기할 수 없었던 것이고 그러기를 원하지도 않았던 것입니다. 이런저런 텍스트에서 이런저런 때마다 모티프들이 회귀하고 반복적으로 환기된다는 사실이 제가 그걸 포기하지 않았음을 증명합니다. 이 연배가 되고 보니 저는 그게 놀랍다고 여기게 됩니다. 제가 근래 30년 동안 쓸 수 있었던 모든 것은 다른 이들이 보기엔 정말 단조로울 수도 있는 특정한 고집 안에 머물렀습니다. 반대로 체계라는 말이 구성상의 총체화, 모든 언표의 연속성, (일관성 자체와는 구별되는) 일관성의 일개 형식, 즉 논리적 추론이라는 형식을 뜻한다고, 모아들임 일반에서의 함께가 아니라 존재론적ontologiques 명제들을 조합하는 함께를 뜻한다고 해봅시다. 이것이 철학의 더 엄격하고 어쩌면 더 현대적인 의미일 수야 있겠습니다만, 그렇다면 해체란 [*유달리] 반체계적일 것도 없이 [*그런 식의 철학적] 체계란 불가능하다는 사실에 관한 연구일 테고, 그로부터 도출된 귀결일 터입니다. 해체는 체계를 자처하는 것들 안에서, 체계에 의한 체계의 자기 해석들 안에서 어떤 탈구脫臼dislocation의 힘을 드러내고, 총체화 안에서, 추론적 종합의 운동 안에서 한계를 드러내는 일입니다. 해체란 종종 반복적으로 또 규칙적으로 그런 것이었습니다. 해체는 체계에 저항하는 무언가를 찾기 위한 방

법이 아닙니다. 그것은 텍스트를 읽고 해석하는 중에 체계를 폐쇄할 수 없다는 무력함, 기능 부전, [흐트러짐désajustement]**2** 이야말로 철학자들의 사유 안에서 체계라는 결과를 가능케 하는 것이라는 사실을 인지하는 일로 이루어져 있습니다. 제가 이런 작업 전망에 매료됐던 도처에서 관건은 체계가 운행하지 않음을, 이 기능 부전이 체계를 중단시키는 것인 동시에 체계의 욕망을 해명하는 것임을 표시하는 데에 있었습니다. 체계의 욕망은 그런 어긋남désajointement이나 괴리에서 제 활력을 길어냅니다. 철학적 자료군corpus이라고 불리는 것 안에서 이 괴리는 특권적인 자리를 차지하고 있습니다. 저는 근본적으로는 이 괴리로서의 연결을 분석하기 위한 등불이 어디에 있는지 살피고 그 방향을 조절하는 일을 했습니다. 종종 그랬습니다.

저는 제가 첫 번째로 언급했던 고집, 즉 귀결 및 일관성에 대한 [*고집스러운] 염려가 철학적인 것이라고 믿습니다. 그러나 이 체계적 고집은 철학자에게 대항합니다. 그런 연유로 고집은 차이에 관한 고집이 되고 동일시와 총체화의 불가능성에 관한 고집이 되죠. 이건 과도하게 철학적인 제스처입니다. 철학적인 제스처이되 철학적인 것에 비하면 과도한 제스처지요. 어떻게 철학자이기를 그만두지 않고도 철학적인 것 이상일 수

---

2   편집자: 데리다의 수기 교정.

있는가? 이런 격화激化는 다뤄진 모든 주제에, 특히 당신이 서론의**3** 방식으로 취급했던 주제들에 휘브리스[*오만]의 표지를 남깁니다.

제 관심사는 주로 플라톤·칸트·헤겔·후설 같은 철학의 위대한 정전들입니다. 그러나 동시에 저는 그 텍스트들의 말하자면 "사소한" 대목들에 관심을 쏟습니다. 이목을 끌지 않는 문제의식들, 주석들 말이죠. 체계는 체계를 가능하게 만들되 그 자신은 비체계적인 무언가를 억압하면서 구축됩니다. 체계는 심토心土 안에서 구축됩니다. 제가 관심을 쏟는 것은 체계를 교란시킬 수도 있는 무언가, 그러나 동시에 체계가 구축되는 장소인 심토를 이해하게끔 만들어주는 무언가입니다. 그러니까 철학의 정전을 가지고서 정전적인 동시에 비정전적인 해명을 하는 것이죠. 저는 이것이 전략적으로 특권화되어야 한다고 믿었습니다. 왜냐하면 그게 당장 더 위급하고 더 가치 있는 것처럼 보였기 때문이죠. 그렇다고 해서 정전이 아닌 텍스트들은 [물론이고]**4** 철학적이지 않은 텍스트들에 관심을 가지는 일이 금지된 것은 아니었죠. 이것이 우리가 곧 논의하게 될 문학이라는 문제입니다.

생각하기론 상상력이라는 사례가 여러 방면에서 시사적입

---

3 편집자: 타자본에서는 이 서론의 흔적이 전혀 보존되어 있지 않다.
4 편집자: 복구 시에는 없던 단어이다.

니다. 좀 단순화시켜서 이렇게 말하고 싶습니다. 상상력이라는 문제는 다양한 형태와 언어로 (아리스토텔레스의 상상력은 칸트나 헤겔의 생산적 상상력과는 같지 않죠) 최소한 두 가지 특질 때문에 저를 매료시켰다고 말이죠. 첫 번째 특질은 상상력이 진리, 지성, 혹은 현실에 대한 위협인 동시에 자원이라는 것입니다. 플라톤 등에게 상상력이란 양의적 본성을 가진다는 사실을, 상상력이 한편으로는 진리와 이념을 위협하지만[5] 다른 한편으로는 철학적·교수법적으로 필요한 긍정적인 기능을 가진다는 사실을 우리는 보여줄 수 있을 것입니다. 상상력은 허구fiction의 장소입니다. 하지만 그건 어떤 종합의 장소, 매개의 장소이기도 합니다. 특히 칸트의 경우에 상상력이란 정확히 제삼항, 제삼자입니다. 그리고 우리가 체계에 관해 방금까지 말한 모든 것은 근본적으로 보면 제삼자의 문제로 귀착됩니다. 이 세 번째 항은 종합·화해·분유分有를 가능하게 하는 매개적 제삼자로 취급될 수 있습니다. 이것ceci도 저것cela도 아닌 그것이 이것과 저것의 종합을 가능하게 하는 것이죠. 그러나 이 기능은 헤겔 변증법 안에서 취했던 꼴로 한정되지는 않습니다. "양비ni-ceci-ni-cela"의 [그리고 "양시et ceci et cela"의][6] 제삼자는 그 절대적 이질성으로 인해 통합될 수 없는 것, 분유에

---

5   편집자: 데리다는 여백에 수기로 "이미지는 영향력이다"라고 덧붙인다.
6   편집자: 타자본에 데리다가 수기로 추가한 것이다.

저항하고 체계에 저항하는 것, 체계가 닫히지 않는 장소를 지시하는 것으로도 해석될 수 있어요. 체계가 구축되는 장소인 동시에 그 구축이 이물에 의해, 더 이상 진리에 종사하지 않는 허구에 의해 위협받는 장소죠. 이 주제에 관한 저의 관심은 분유와 비非분유에 참여하는 무언가 쪽으로 향합니다. 저의 작업 안에서 미메시스라는 주제, 예술의 주제이기도 한 미메시스라는 주제 쪽으로 자꾸 되돌아가는 것은 이런 이중적인 요청을, 저 격화를 드러냅니다. 왜냐하면 그 어떤 경우에도 분유에 의해 재전유되지 않는 것이, 철학적 체계성에 의해 재전유되지 않는 것이 분유로서의 제삼자의 한가운데서 다가오기 때문입니다.

방금 말한 이유들로 인해 저는 현대적인[7] 것이 특정한 날짜를 기점으로 삼아 독창이라는 듯 규정될 수 있는 것인지 확신하지 못하게 됩니다. 마치 그게 헤겔 이후에, 포스트칸트주의나 포스트헤겔주의와 더불어, 니체와 더불어 시작되었다는 듯 굴 수 있는지 모르겠다는 것이죠. 우리가 방금 논한 역사 속에서 근대적이고 현대적이고 새로운 뭔가가 있어서 우리와 동시대적contemporain이라면, 이는 어쩌면 그런 시기 구별의 가능성과 그런 현대성의 가능성을 취소하고 규탄하는 제스처의 안

---

[7] 편집자: 말로 하다 보니 이해가 흐려지는 대목이다. 데리다는 현대적인contemporain 철학적 제스처와 근대적인moderne 철학적 제스처를 구별하고자 한다.

에 있는 것이고, 그런 제스처에 의한 것입니다. 이건 니체, 하이데거 [그리고]⁸ 다른 사상가들의 지분이죠. 키르케고르, 니체 등은 기본적으로 반시의성intempestif의 사상가들입니다. 그들은 역사란 자기 자신과 동시대적인 무언가가 지나간 과거를 뒤따르는 식의 발전이라는 해석에 의문을 표시했습니다. 역설적이게도 당대성이라는 관념, 즉 어떤 현재présent가 지금maintenant 안에서 맺는 자기 자신과의 조화로운 관계라는 관념은 고전적인 이념일 것입니다. 그것은 플라톤부터 헤겔에 이르는 현대적이지 않은 모든 것에 속합니다. "현대인들"이 의문에 붙이는 것은 바로 이것입니다. 키르케고르, 니체, 하이데거에게는 "지금 우리"가 존재하지 않습니다. 제 흥미를 끄는 것은 바로 이 탈구입니다. 우리가 "현대인들"이라고 부르는 이들은 다른 이들보다 이 탈구를 더 생생하게 체험했던 이들인지도 모릅니다.

"시간이 이음매에서 빠져 있다Time is out of joint"고 햄릿은 말했습니다. "이음매에서 빠지다"는 문면대로라면 어깨나 무릎에 대한 이야기입니다. 어깨나 무릎이 제자리logement에서 빠져나왔을 때, 탈구되고 탈골되었을 때를 말하죠. 그러니까 이음매에서 빠진 시간이란 자기 자신으로부터 빠져나온 시간, 제 경첩에서 빠진 시간, 자신의 장소 안으로, 자신의 현재 안으로

---

8   편집자: 타자본에서는 누락.

모아들여지지 않는 시간입니다. 영어의 관용구에 더 잘 들어맞는 듯한 지드Gide의 다른 번역, 즉 "우리 시대의 명예가 훼손됐다Notre époque est déshonorée"를 보면 다소 모호해집니다. 게다가 실은 모어More에서 테니슨Tennyson까지 이어지는 전통에서 "이음매에서 빠지다"는 도덕적·윤리적 함의를 지니고 있는 것처럼 보입니다. 그건 타락한 것, 전도된 것, 정의롭지 않은injuste 것, 즉 "시대는 타락했다. 시대는 응당 그래야 할 그런 시대가 되지 못했다. 잘 굴러가지 않는다ça ne va pas"는 것을 뜻합니다. 그리고 바로잡으려는ajustement 욕망은 물론이고 정의justice의 욕망 역시 바로 이 "잘 굴러가지 [않음]"9에서 출발해서 나타납니다. 하이데거의 『아낙시만드로스의 금언Der Spruch des Anaximander』을 똑똑히 새기며 다시 읽는다면 거기서 우리는 [*정의의 여신] 디케dikè와 [*불의의 여신] 아디키아adikia에 관한 무척 기묘하고도 강력한 사고를 만나게 됩니다. 우선 하이데거는 아디키아가 윤리적이거나 법적인 의미를 지니지 않음을 보이고자 합니다. 니체와 다른 이들이 번역하는 것처럼 불의의 의미를 지니지 않는다는 것이죠. 디케와 아디키아는 법적이거나 도덕적인 의미에 앞서서 이음매에서 빠진aus den Fugen/out of joint 것으로서 (혹은 빠지지 않은 것으로서) 이해되어야 합니다. 즉 디케는 맞춰짐이고, 아디키아는 어긋난 것désajointé

9   편집자: 타자본에서는 누락됨.

이죠! 그리고 하이데거는 다음과 같은 물음을 제기합니다. 어떻게 현재적 존재자들(ta onta), 이음매에서 빠진 것들이 디케를 선사(아낙시만드로스의 편린에 따르면 디케 디도나이dikè didonai)할 수 있는가? 달리 말해 어떻게 우리는 우리가 가지지 않은 것을 줄 수 있는가? 이것은 그보다 앞서 플로티노스가, 그리고 라캉이 제기했던 물음을 닮았습니다. 달리 말하면 흐트러짐désajustement이 정의를, 더 정확히 말하면 맞춰짐ajointement/fugen을 줄 수 있는가? 하이데거는 이를 한편으로는 시간적 측면에서, 즉 현재적 존재자의, 온on의 관점에서 해석하고, 다른 한편으로는 이어짐fugen의 측면에서, 시간의 맞춰짐의 측면에서 해석합니다.

  물음의 귀결들을 더 도식적으로 다뤄봅시다. 앞서 환기시켰던 현대적 사상가들contemporains에게서 고지되거나 더 위급해지는 것은 어쩌면 현재의 이 탈구일지도 모릅니다. 이 탈구로 인해 현재는 현재 자신과 동시대적이지 않게 되고, 저 현대인들은 서로 동시대적이지 않게 됩니다. 역사나 시간과 관계를 맺는 그들의 방식은 고전적인 철학자들이 스스로 누렸다고 생각했던 방식과 같지 않습니다. 저 현대인들은 그러니까 동시대적이지 않습니다. 그들은 우리로 하여금 시대들이 차례차례 교류하면서 발전한다는 관념을 의문에 붙이고 불안에 빠뜨리면서 철학사를 독해하게끔 촉구합니다. 종종 저는 하이데거가 시대époque라는 개념을 활용한 방식에 대해서 물음을 던지곤 했습니다⋯. 어쨌거나 그 현대적인 사상가들 쪽으로 나를 끌고 간 것은 현대성이 아닙니다. 모종의 방식으로 사정은 정반대지요. [*그들이] 하나의 시기temps에, 우리의 시기에 평온하게 귀속될 수 없기 때문에, [*그들을 포함해서] "우리의" 시기라고 말하는 일이 쉽지 않기 때문에 저는 그들에게 이끌립니다. 우리의 시기는 어쩌면 "우리의 시기"라고 더 이상 안이하게 말할 수 없는 그런 시기인지도 모릅니다.

페라리스: 에크리튀르écriture는 철학 안에 어떻게 입장합니까? 저는 그 입장의 가장 널리 통용되는 판본에 완전히 납득이 가지는 않습니다. 그 판본에 의하면 "형이상학의 종말" 이후에 우리 철학자들은 진리와 무관해지고, 사회에서 이뤄지는 대화를 떠받친다는 모호한 기능만이 남게 됩니다. [*남는 것은] 교조적인 입장일 텐데, 형이상학다운 형이상학이란 게 존재하지 않고, 형이상학의 생성이나 부패 같은 건 더더욱 있을 수 없기 때문이죠. 형이상학 [*이라는 용어]으로 헤겔이 『엔치클로페디Enzyklopädie』의 서문에서 조롱한 영국의 선전 문구 — "모발 보존 기술, 철학 원리 개요The Art of preserving the Hair, on Philosophical Principles" — 같은 걸 얘기하는 게 아니라면 말이죠. 그리고 또 [*남는 것은] 억압적 관용의 기만일 것입니다. 철학자들은 자신의 업무 — 진리의 탐구 — 만 아니면 아무 짓이나 해도 된다는 허락을 얻게 되지요. 언어에 대한 호소도 큰 역할

을 했습니다. 말이 말한다die Sprache Spricht는 사실은 일견 철학을 가장 모호한 대화로 환원하는 것처럼 보였기 때문입니다. 하나의 철학이 지닌 의미가 어떤 식으로든 전승될 수 있고, 언어적 전승들 중 최고로 복잡한 것 안에서조차 그럴 수 있음이 특기할 만하더라도 말이죠(아리스토텔레스적 전통은 그 좋은 사례입니다).**10**

데리다: 설령 우리의 것이 아닐지라도 "우리의 것"인 이 시대 안에서 당신은 말씀하셨던 대로 에크리튀르와 문학의 입장에 대해 강조하려 했습니다. 이건 중차대한 문제 덩어리죠. 에크리튀르는 철학 안에 "입장"한 것이 아닙니다. 어떻게 에크리튀르가 철학 안에 이미 있었는지 물어야 하고, 우리가 왜 그걸 도외시했는지 물어야 하며, 이를 철학의 바깥으로 드러내기 위해 어떤 시도를 했는지 물어야 합니다. 근본적으로는 플라톤의 두 에크리튀르, 즉 휘포므네시스hypomnesis와 아남네시스anamnesis 사이에 차이가 있는 것으로 이는 파롤parole[*입말]과 에크리튀르écriture[*문자] 사이의 논쟁이 아닙니다. 두 에크리튀르 사이의 논쟁이죠. 하나는 나쁜 것이고 다른 하나는 좋

10 편집자: 프랑스 독자가 읽기에 이 물음은 흐릿하게 정식화되어 있다. 그것은 다음과 같은 기록 형식의 철학적 사용에 대한 물음이다. 철학은 언제부터 글에 호소하기 시작했고, 더 이상 입말로만 만족하기를 그만두었는가?

은 것입니다. 그리고 결과적으로 좋은 에크리튀르는 언제나 나쁜 에크리튀르에 의해 신들리기hanter 마련입니다. 이 신들림의 관계는 철학 일반과 에크리튀르 일반 사이에서 무엇이 됐든지 간에 어떤 외재성을 사유하는 것을 금지시킵니다.

  하지만 역으로 방금 우리가 지적했던 이유들로 인해 "현대인들"이라고 해서 관용할 수 없는 것으로 판단되고 버려졌던 에크리튀르를 승인하거나 관용하는 것은 아닙니다(저는 특히 하이데거를 염두에 두고 있습니다). 우리는 하이데거 같은 이에게서도 플라톤과 동일한 분할을 발견할 수 있죠. 이렇게 보면 새로운 것이라곤 없습니다. 하이데거에게서도 휘포므네시스와 아남네시스 사이의, 기술 및 에크리튀르와 시적 사유 사이의, 좋은 에크리튀르와 나쁜 에크리튀르 사이의 분할 같은 것을 찾아볼 수 있으니까요. 최소한 원리적인 면에선 그렇죠. 어쩌면 니체에게서도 그럴지 모릅니다. 하지만 다른 방식으로 그렇죠.

  그러니까 — 예컨대 에크리튀르 같은 문제를 다루기 위해서라면 — 해체의 [*표적이 되는] 전통에서 해체[*를 수행하는] 움직임으로 이행한다는 식의, 정전 격이 된 해석들을 우리는 더 이상 신뢰할 수 없습니다. 그래서 모든 것은 이음매에서 빠져 있고 교란되어 있는 것입니다. 시간적 정연함은 더 이상 존재하지 않아요. 이렇게 텍스트들이 자기 자신과 이질적이게, 자기 자신과 거의 동시대적이지 않게 되면서 저는 — 예컨대 하이데거에게서도 — 정전적 전통들을 급진적으로 해체하는 모티프들을 찾을 수 있게 됩니다. 가장 충실하게 중복해서 반복적으로 변함없이 고전적 철학소들philosophèmes을 반복하는 제스처들의 곁에 그 모티프들이 있습니다.

그러므로 경계는 언제나 자료군의 내부를 지나갑니다. 만약 해체가 가능하다면 이는 곧 해체가 시기 구별을 신뢰하지 않는다는 것이고, 자료군 일반의 내부에서, 때때로 어떤 자료군이든지 간에 미시적 요소의 내부에서, 하나의 문장의 내부에서 저 제스처들·선들·분할들을 지나가고 지나가게 만든다는 것입니다. 해체는 고유명固有名들을 믿지 않습니다. 즉 "하이데거 일반은 이것이나 저것을 말한다"라고는 말하지 않을 것입니다. 하이데거 텍스트[*를 자료로 삼는] 미시학은 일반성도, 기왕의 견고한 짜임새도 신뢰하지 않으면서 상이한 국면들, 상이한 응용들, 경합하는 상이한 논리들을 다룰 것입니다. 이것은 일종의 거대한 지진이고 일반적 동요로, 그 무엇도 이를 달랠 수 없습니다. 저는 자료군을 일관된 덩어리로 다룰 수 없고, 한 권의 책조차도 일관된 덩어리로 다룰 수 없습니다. 심지어는 순일한 하나의 진술조차도 이런 핵분열에 종속됩니다. 어쩌면 에크리튀르란 기본적으로 그런 것인지도 모릅니다.

저는 이 사건들 전체를 해석함에 있어 당신의 말에 찬성합니다. 당신이 무척 온당하게도 억압적 관용이라고 [지시했던]11

---

11 편집자: 타자본에서는 "불렀던".

무언가가 판에 입장함에 따라 벌어진 일입니다. 억압적 관용이 존재합니다. 억압적 관용이란 다음과 같은 진술로 이루어진 태도입니다. 기본적으로 우리는 철학자들이 진리에 대한 염려로부터 해방되어 문학에 굴복하고 철학을 하나의 문학으로서 다루는 것을 승인한다. 우리는 그들을 억압하지 않는다. 우리는 그들을 규탄하지 않는다. 우리는 상아탑의 철학자들이 그리하듯 그들을 비웃지 않는다. 우리는 그들을 관용한다…. 이와 같은 제스처는 얼핏 일단은 자유주의적인 듯 보이지만 [*실제로는] 억압적입니다. 당신의 말씀이 옳아요. 이 제스처가 철학에 관한, 철학과 문학의 관계들에 관한 물음을 까다롭게 만드는 이들 — 우리들처럼 — 에게서 진리를 다루려는 모든 의향을 박탈한다는 점에서 말이죠. 이 의향은 진리를 말하려는 의향이 아니라 진리에 관심을 두려는 의향이죠. 이 제스처는 우리가 다음과 같은 딜레마에 처하기를 원합니다. "철학을 문학처럼 다룰 권리를 너에게 부여한다. 그러나 진리에 종사하는 척 구는 일은 멈추어라."

그런데 제가 방금 암시했던 바는 진리에 관한 물음이 유통기한이 지난 물음이 아니라는 것입니다. 그것은 포기해야 할[12] 어떤 가치가 아닙니다. 문학이 진리를 포기하지 않는 만큼이나, 아니 그보다 더, 철학의 해체는 진리를 포기하지 않습니다.

---

[12] 편집자: 타자본에서는 "포기하는 일이 관건인".

진리와의 이 다른 관계를 사유해야 합니다. 그건 쉽지 않아요. 하지만 전통적인 철학자들에 의해서도, 억압적 관용에 의해서도 위축되어서는 안 됩니다. 전통적인 철학자들이 진리를 의문에 붙이는 논의 전체를 철학의 퇴위에 준하는 것으로 보면서 철학을 문학처럼 다루는 "비철학자들"을 규탄한다면, 억압적 관용은 문학이 철학이나 진리와 아무런 관계가 없고 그 극한에서는 공적 공간과도 아무런 관계가 없다는 전제하에 당신이 하고 있는 일이 문학임을 인정하는 것으로 이루어집니다. 로티Rorty 같은 치는 우리가 문학에 스스로를 내맡긴다는 것을 인정하고 심지어는 축복합니다. 그것이 사적인 사무, 사적인 언어라는 구실로 말이죠. 사적 언어 안으로 피난하는 것은 정말이지 좋은 일입니다. 저는 철학을 문학 안에 피난시키면서 철학을 사적인 것으로 만드는 것은 결코 관건이 아니고, 전혀 다른 제스처와 전혀 다른 분할이 관건임을 표시하고자 시도한 바 있습니다.

제가 방금 말한 모든 것에 비추어 언제나 저어되는 점이 있다면 철학-이후에 관해 논의하는 일입니다. 어쨌거나 [*철학-이후라는] 표현은 제게 위험해 보입니다. 바로 우리가 방금 말한 이유에서 그렇죠. 철학에 대해서는 단순하게 "다음"이 존재하지 않습니다. 동시대성이 존재하지 않는 것과 마찬가지로 철학을 제 뒤에 남겨두는 [*철학에서] 비철학적 담론으로의 단순한 이행도 존재하지 않아요. 철학-이후라는 개념에 부여하고자 하는 내용에 엄밀하게 정확을 기하지 않는다면 저는 그 개념을 사용하기를 망설이게 됩니다.

  철학과 문학의 사라지지 않을 차이에 대한 당신의 언급에 답하기 위해서는 한층 더 조심스레 굴 필요가 있습니다. 당신은 철학적인 것은 [*문학적인 것과 달리] 언어들의 상이함에도 불구하고 살아남을 수 있는 것, 그 상이한 언어들을 가로지를 수 있는 것으로서 전제되고 부과된다고 하셨죠. [*그 구도에 따르면] 어떤 의미는 그것이 상실되지 않고 번역될 수 있을 때부터 철학적인 것으로 간주되고, 이와 달리 문학작품은 하나의 자연언어와 내재적이고 원본적이며 본질적인 관계를 맺고 있는 것으로 상정됩니다. 근본적으로는 문학의 번역이 문제가 아닙니다. 물론 우리는 문학을 번역합니다만 [*당신이 말한 대로라면] 거기에는 번역에 저항할 운명을 지닌 무언가가 있죠. 이와는 대조적으로 철학에서 본질적인 것은 번역되게끔 되어 있고 심지어는 번역이라는 걸 가능하게 만들게끔 되어 있습니다. 바꿔 말하면 문학 안에서 번역이 되는 부분은 철학적인 부분이라는 소립니다. 그리고 철학이라고 불리는 것 안에서 번역 불가능하게 머무는 부분은 고유하게 문학적이죠.

  그렇죠. 외관상으로는 그렇게 보입니다. 사태가 그렇게 현현해요. 하지만 사태가 그렇게 현현하자마자 우리는 상이한 두 영역이나 분과, 텍스트나 사건을 다루게 됩니다. 한편에는 철학이, 다른 한편에는 문학이 있죠. 이 둘을 섞지 않으면서, 하나를 다른 하나로 환원하지 않으면서 어쩌면 우리는 철학적이라고 불리는 것 안에 자연언어와의 밀착이 언제나 존재한다고 말할 수 있을지도 모릅니다. 특정한 철학소들은 그리스어, 독일어, 라틴어로부터 분리될 수 없습니다. 이 분리 불가능성은 심원한 것이죠. 이것은 철학의 문학적인 부분part이 아니라 철학이 문학과 공유하고en partage 있는 것입니다. 그리고 역으로 문학 안에도 번역 가능한 게 있습니다. 혹은 번역이 이루어지리라는 약속이 있지요. 이는 철학적인 것에 대해 낯선 특질이 아닙니다. 철학과 문학은 자연언어들에 연결되어 있습니다. 둘 모두 그렇죠. 규약적이고 기술적technique인 언어에서의 절대적 형식화를 통해 접근 가능한 철학은 존재하지 않습니다. [*그런 인공언어를 통해 사유를 도해하고자 하는] 라이프니츠적이고 데카르트적인 꿈들이 존재하며, 그 자체는 자연스러운 일입니다. 그러나 사실 그것은 [*실현] 불가능합니다. 단순히 사실적이거나 경험적이지는 않은 이유들로 인해 그렇습니다. 문학과 마찬가지로 철학도 고유어들idiomes에 연결되어 있고, 자연언어의 자료군에 연결되어 있습니다. 영원히 연결되어 있죠. 이렇게 볼 때 결과적으로 우리는 언어나 언어와의 관계 같은 것이 철학과 문학 사이의 경계를 가른다고 말할 수 없게 됩니다.

번역에 대한 물음으로는 경계가 그어지지 않는다고 해도 우리는 자연언어와의 바로 그 관계 안에서 어쨌거나 변별 기준들을 계속해서 모색해야 합니다. 혼융에 굴복해서는 안 됩니다. 바로 그래서 철학은 문학이 아닌 것입니다. 철학과 문학 모두 자연언어들과 연결되어 있는, 자연언어들의 산물입니다. 이 연결은 번역 불가능하며 동일하지 않습니다. 또 다른 기준을 모색해야 합니다. 한편에는 플라톤·데카르트·칸트·헤겔 등을 두고 다른 한편에는 호메로스·셰익스피어·괴테를 두는 그런 거대한 집합들은 이 논구에 의해 파괴될 수 있고 파괴되어야 합니다. 언어에 대한 관계는 상이한 경우들 각각마다 다르게 존재하는 것입니다. 우리는 이를 언어 일반이나 번역 일반의 관점에서는 다룰 수 없습니다. 플라톤을 칸트처럼, 헤겔을 라이프니츠처럼 다룰 수 없고, 이와 마찬가지로 셰익스피어나 단테를 디드로처럼 다룰 수 없어요. 해명되어야 할 공유 기층들sous-partages이 있긴 합니다. 당연한 일이지만 그렇다고 해서 플라톤과 칸트가 한편에, 단테와 셰익스피어가 다른 한편에 있게 되는 커다란 유사성들을 식별하는 게 금지되는 건 아닙니다. 하지만 더 면밀히 봐야 합니다. 우리는 헤겔의 문학이 아닐 플라톤의 문학을, 단테·괴테·디드로의 철학이 아닐 셰익스피어의 철학을 재발견하게 될 것입니다. 이건 중차대한 작업 기획이죠. 이 지점에선 학계가 부여하거나 부여할 수 있는 범주들을 더 이상 신뢰해서는 안 됩니다.

페라리스: 전략들을 방금 언급하셨습니다. 그에 관해 자주

말씀하시는데요, 마치 폴레모스polemos라도 있다는 듯 말이죠.

데리다: 물론 만약 폴레모스라는 게, 환원 불가능한 폴레모스라는 게 있다면, 끝까지 분석해본다면 그건 전쟁의 애호란 게 있기 때문은 아니고, 논쟁polémique이 있기 때문은 더욱 아닙니다. 하나의 장場이 전장으로 규정될 때 폴레모스가 존재합니다. 메타언어란 존재하지 않기 때문에 진리의 장소는 장의 바깥에 [*외따로] 존재하지 않습니다. 절대적이고 몰역사적인 조망대는 없습니다. 조망대가 부재한다는 것은 곧 장이 근본적으로 역사적이라는 것, 장이 필연적으로 다수성·이질성에 내맡겨진다는 것입니다. 결과적으로 이 장에 각인된 것들은 필연적으로 폴레모스의 안에 새겨집니다. 그것들이 유별나게 전쟁을 애호하지 않는다고 해도 말입니다. 장의 진리를 의문에 붙임으로써 책략stratagème에 이르게 되는 전략적인stratégique 운명이 있습니다.

물론 전략에 대해 논한다는 것은 환원 불가능한 지금을 헤아린다는 것입니다. 이 지금의 독특성[*단독성]을 고려한다고 해서 [*현재의 자기 자신과의 어긋남이기도 한] 어긋남에 대한, 반시의성에 대한 우리의 방금까지의 이야기를 반드시 물릴 필요는 없습니다. 반시의성의 어떤 지금이, 어긋난 현재의 독특성으로서의 독특성이 존재합니다.

빠르게 정식화하기 위해서 저는 최근에 종종 그랬듯이 이렇게 말하고 싶습니다. 부과되고 있는 괴리는 지금의 독특성과 현재의 독특성, 이 두 독특성 사이의 괴리라고요. 현재 없는 지금이 존재합니다. 지금-여기의 독특성[*단독성]이 존재하죠. 현전과 자기 현전이 탈구되더라도 그렇습니다. 독특하고 대체 불가능한 탈구의 순간들이 존재합니다. 통속적인 명칭으로 "생애사biographie"라고 불리는 물음이 여기서 부상합니다. 단독자적singulière 실존은 자기 현전적이지 않고 현재에 의해 재전유되지 않으며 탈구되어 있지만, 그렇다고 해서 덜 단독자적인 것이 아닙니다. 그러니까 자기와의 비非동시대성의 이런 독특성, 반시의성의 독특성을 헤아려야 합니다. 하지만 오로지 독특한 맥락들밖에 존재하지 않는다는 사실에 의거해서 저는 내기와 전략이라는 물음을 고집하고자 합니다. 만약 전략이 안정적인 것이었더라면, 그것의 계산이 확실한 것이었더라면 전략이란 존재하지 않았을 것입니다. 전략은 언제나 내기를 함축하고 있습니다. 즉 무지에, 계산 불가능한 것에 스스로를 다소 내맡기고 있어야 하지요. 우리는 계산 불가능한 것이 존재하기에 계산합니다. 우리는 우리가 알지 못하는 곳에서, 우리가 결정할 수 없는 곳에서 계산합니다. 그러니까 전략적 내기는 언제나 어떤 결단을 취하는 것으로 이루어집니다. 혹은 차라리 결단에 스스로를 내맡기는 것으로, 철두철미하게 정당화될 수는 없는 결단들을 내리는 것으로 이루어집니다. 역설적이지만 그렇습니다. 내기의 결단이 [*적실하게] 내기의 결단인 것은 우리가 원인들 전체를 인식하고 결단을 내릴 수 없기 때문이고, 계산이 다 끝나고 나서도 전략적 내기가 좋은 것인지 혹은 최고로 좋은 것일는지 알 수 없기 때문입니다. 만약 우리가 그걸 알았다면 내기도 전략도 없었을 것입니다. 맥락이 절대적으로 규정될 수 없기 때문에 전략적 내기가 존재하는 것입니다. 맥락은 존재합니다. 하지만 이를 한 톨도 남기지 않고 모조리 분석할 수는 없습니다. 맥락은 개방된 것인데, 왜냐하면 무언가가 도래하기ça vient 때문이고 장래avenir가 있기 때문입니다. 포화시킬 수 없는 맥락이라는 관념의 존재를 인정해야 합니다. 그리고 맥락을, 열린 구조를, 맥락의 비폐쇄성을 헤아려야 합니다. 그럼으로써 결단들을 내리고 내기에 참여해야 합니다. 딸 것인지 혹은 승리할 것인지 등을 확신하지 못한 채로, 무지한 채로 판돈을 걸어야 합니다. 책임에는 이렇게 그늘진 구석이 있고 무책임한 구석이 있습니다. 이렇게 격화된 구조의 책임성으로 인해, 제가 맨 처음에 언급했던 체계적이지 않은 일관성에 대한 관심은 장래를 두고 내기하려는 충동으로 나아갑니다. [*그러나] 그 장래는 기껏해야 비일관성을 확인해줄 뿐이죠.

지금 저는 이 사건에 대해 기술하기 위해 산물œuvre[*작품]과 서명signature 같은 오랜 관념에 착목할 뿐입니다. 제가 특정한 순간에 "저것보다는 이것"이라고 말하면서 전략적 내기를 할 때 그것은 저의 말이 그 맥락적 한계들 너머에서 상황이 어떠

하든지 간에 내일도 모종의 견고함consistance을 지니게 될 것임을 뜻합니다. 그렇기에 그것은 산물입니다. 이 견고함은 학문적인 가치를 지니지는 않더라도, 즉 시간과 무관하게 보편적으로 타당한 가치를 지니지는 않더라도 산물[로]¹³ 간주됩니다. 무언가가 잔존하고, 그것은 절대적으로 번역될 수 없으며, 어떤 서명을 간직합니다. (서명이 필히 고유명의 나르시시즘이거나 내게 속한 무언가의 재전유인 것은 아닙니다.) 어쨌거나 무언가가 자리를 점유하고a un lieu 모종의 견고함을 지닙니다. 그것은 보존되는s'archive 무언가, 우리가 되돌아갈 수 있는 무언가이자 다른 맥락 안에서 반복할 수 있는 무언가이고 독서의 조건들이 변경된 맥락 안에서도 여전히 읽을 수 있는 무언가입니다.

 그건 자료군으로서 읽을 수 있게끔 잔존할 것입니다. 이와 더불어 고집스러운 서명이 동일하게la même 잔존하죠. 이건 하나의 계약이지, 고유명이 아닙니다. 저작권이 아니고 소유물이 아니죠. 그것은 서명하고 이 내기를 맹세하는 동일자le même의 고집입니다. 비근하되 구체적으로 얘기해서 제가 이런저런 사항에 대해, 예컨대 후설에 대해 글을 쓰기 시작했을 때 이는 다음과 같이 묘사될 수 있는 어떤 맥락에 응하는 것임이 명백합니다. 세계의 철학적 맥락, 바로 그 순간의 프랑스적

---

13 편집자: 타자본에서는 '로서'로 되어 있다.

맥락으로 규정되는 세계의 철학적 맥락, 프랑스 학계에서의 맥락 등등 말입니다. 하지만 제가 산물[*작품]이라고 일컬은 것의 일관성 및 견고함으로 인해 그 맥락 내부에서의 언술은 시간이 좀 흐른다 해도, 20년, 30년, 40년 이후에도 [*즉 그 맥락의 바깥에서도] 단순히 논박되지 않을 것이고 그 유통기한이 경과하지 않게 될 것입니다. 이것이 [*우리의] 내기입니다. 그것의 일관성과 견고함은 저항적입니다. 고집스럽게 굴죠. 너무 고집스러운 나머지 맥락은 그 언술을 둘러싼 조건들의 모음으로 한정될 수 없게 됩니다. 맥락은 말해지는 그 언술에 의해서 만들어지기도 합니다. 요컨대 어떤 맥락을 마주하여 관건은 맥락 전반을 특정하여 생산하는 것이 아닙니다. 관건은 특정한 맥락을 수행적으로 생산하는 것입니다. 이 맥락은 언표들에 선행하는 것도, 그것들을 에워싸는 것도 아닐 것입니다. 오히려 언표들이 그 맥락에 표지를 남깁니다. 달리 말하면 관건은 맥락[*일반]을 기록하는 것이 아니라 그 주변의 윤곽을 숙고하는 것, 특정한 맥락을 부여하고 압인押印하는 것입니다.

 생산되는 무언가는 자신에 대한 독해를 가능하게 하는 조건들과 함께 생산됩니다. 어느 정도까지는 내생적인 이 생산의 방식을 저는 산물이라는 좀 의심스럽고 전통적인 이름으로 불렀습니다. 산물은 어느 정도까지는 자기 자신의 맥락입니다. 산물이 스스로의 조건이 된다는 것은 산물이 자기 입법적이거나 자생적이라는 소리가 아닙니다. 이는 [*어떤 사건이 함입되어 있는] 맥락 전반은 현안이 되는 바로 그 사건을 고려해야만 사고될 수 있다는 소리입니다. 철학적인 것이든 아니든 산물들은 맥락에 의해 만들어지는 것인 만큼 맥락을 만드는 것이라고 말해볼 수도 있습니다. 이는 지나친 언사가 아닙니다. 플라톤 없이는 플라톤의 시대를 읽어낼 수 없습니다. 플라톤이 하늘에서 떨어졌다는 소리가 아닙니다. 그의 시대를 읽어내기 위해서는 플라톤을 이용해야 한다는 것이죠.

페라리스: 작년에 [*조반니] 팔코네Falcone 검사[의] 피습에 대해 이야기하면서 당신은 제게 말했습니다. 그가 모종의 방식으로 그런 운명을 모색하고 있었던 것만 같다고요. 저로서는 그게 당신의 투사나 동일시 같은 게 아니었나 생각했습니다.

데리다: 모호한 욕망에 의해, 그러나 언제든 해석하기를 모색해볼 수 있는 욕망에 의해 추동되어 반시의적인 것들을 말하고 반시의적인 것에 특권을 부여하기를 도모하는 사람이라고 해서 절대적인 반시의성을 모색하는 건 아닙니다. 설령 그것을 모색한다고 하더라도 찾을 수 없지요. 한편으로는 아무것도 시간에 순응하지 않고, 다른 한편으로는 모든 것이 시간 안에 수용될 수 있습니다. 시기, 시대, 맥락, 문화, 국가적·역사적·분과적 계기들 각각에는 모종의 일관성이 있습니다. 하

지만 모종의 이질성 역시 있지요. 이것은 크거나 작은 상이한 정도의 수용성의 권역들로 이루어진 체계입니다. 반시의성을 모색하는 사람은 수용이나 순응의 정도가 더 작은 권역들에서 다른 특정한 수용성을 식별하기를 시도합니다. 예컨대 저는 어떤 맥락 안에서 우리가 [*시대적] 흐름을 거스르고 있다고 느끼게 되는 점을 분석합니다. 그러나 [*우리의 이 거스름에 상응하는] 또 다른 흐름이 부차적이고 잠재적인 것으로서 억제되어 있습니다. 그것이 기다리고 있죠. 이 흐름은 [*다른] 수용의 가능성으로 배를 불리고 있습니다.

이는 아직 수용되지 않았으되 수용되기를 기다리고 있는 것을 모색하는 일입니다. 흐름을 거스르되 이미 가능한 수용에 접목되어 있는 것을 느끼는 어떤 육감 같은 것이 존재합니다. 그러니까 — 저는 저를 예시로 참조하려 합니다 — 당신이 말한 것처럼 제가 기괴하고 반시의적인 제스처들을 취하게 되는 것은 그때마다 그렇게 하라는 요구의 소리가 들리는 듯한 인상을 받았기 때문인지도 모릅니다. 다소간 조용하게 장場의 다른 장소들이, 장의 다른 힘들이 그걸 요구합니다. 이 장소들과 힘들은 아직 비주류였을지라도 거기 있었던 것입니다. 그러니까 계산 불가능한 것 안에 어떤 계산이 있습니다. 반시의성은 여전히 운행 중인 시의성tempestivité 같은 것입니다.

무척 빈번한 일인데, 가장 번역 불가능한 텍스트들이 가장 많이 번역되곤 합니다. 번역의 규약들은 바로 그런 작품들에 의해서 생산되었습니다. 시의 경우에도 철학의 경우에도 그렇습니다. 번역을 실패시키는 것처럼 보이는 바로 그 작품이 번역을 촉구합니다. 번역자들을 생산하고 번역의 새로운 규약들을 생산하는 것은 그 작품입니다. 주어지지 않은 번역이 생산될 수 있도록 여타의 사건들을 생산하는 것도 그것입니다. 한 번 더 저 자신의 작업을 예로 들어도 된다면 제 작업은 프랑스어와 밀접히 연결되어 있습니다. 제 작업은 언어유희를, 신조어를, 관용어와 연결된 언어적 묘기들을, 그러니까 번역 불가능성을 증식시켰다는 이유로 비난받았습니다. 하지만 이 전부는 번역을 낙담시키지 않고 오히려 번역들을 가능하게 만들곤 했고, 이 번역들은 또 그것들대로 도착어到着語 안에서 사유의 사건들, 텍스트적 사건들이 되었습니다. 우리가 맥락의 번역에 대해 말했던 바가 번역의 생산에 대해서도 타당한 것입니다.

팔코네 검사와 저를 비교하려는 게 전혀 아닙니다. 그가 감당했던 위험의 면에서는 더욱 그렇죠. 하지만 그는 정의로움의 표상입니다. 그는 정의로움의 이름으로 맥락에, 힘들의 현상황에 도전했습니다. 정의롭기를 요구하는 것은 맥락에 도전하는 것이고 그럼으로써 맥락을 변형시키는 것입니다. 하지만 이는 힘들의 현 상황과 도전 사이의 통약 불가능성이라는 위험을 짊어지는 일이죠. 여기에 절대적인 위험이 있습니다. 팔코네는 정의를 위해서 목숨을 잃을 위험을 불사하면서, 맥락을 헤아리면서 증언했습니다. (그는 누구보다도 맥락을 잘 알고 있던 이였습니다.) 하지만 그는 어느 순간 맥락적 정황으로 인해 의지가 꺾일 법했음에도 굴복하지 않았습니다. 그는 정의의 요구 앞에서 물러나지 않았습니다. 제가 여기서 정의라고 부르는 것은 법 권리가 아닙니다. 그것은 무조건적인 것과의 관계입니다. 이는 조건적 소여 전체를 우선 헤아리고 나서 어떤 맥락 안에 유폐되게끔 스스로를 내버려두지 않는 무언가를 증언하는 것이죠. 당연한 이야기지만 무조건적인 것과의, 정의와의 이 관계 안에 사활이 걸려 있습니다. 정의는 법 권리가 아닙니다. 어쨌거나 그것은 새로운 법 권리를 생산하고자 시도하는 것입니다. 그리고 새로운 법 권리를 생산하기 위해서는 맥락을 헤아려야 하고, 그런 연후에 정해진 순간에 맥락을 급진적으로 변형시켜야 합니다.

정전에 속하는 위대한 철학적 저자들에 대해 연구하고 무척 적법해 보이는 기관들에서 가르친 누군가[*즉 데리다 자신]에게 철학자라는 명칭을 인정하기를 거부하는 이들이 몇 있다는 사실을 두고 당신은 놀랐다고 했습니다. 하지만 더 섬세한 분석에 따르면 1) 당연하지만 제가 그 정전 격인 저자들에 대해 연구했던 방식은 그 [*문제를 다루는] 정전의 관습적 방식에 잘 들어맞지 않았습니다. 2) 저를 받아주었고 심지어는 제게 "관을 씌워준" 학술 기관들은, 이렇게 말해도 좋다면, 명망은 있지만 대학은 아닌 주변적 기관들이었습니다. 제가 고등교육기관들에서 가르쳤다는 사실을 헤아려야 합니다. 하지만 그것은 대학에 접근하는 일이 금지되었던 동안이었죠. 프랑스 기관들의 장場을 더 면밀히 분석한다면, 다른 등급의 기관들에 의해서 거절당했기 때문에, 혹은 그 거절을 확인하는 차원에서 고등교육기관들에 자리를 잡게 될 수도 있음을 보게 될 것입니다. 이는 체계에 의한 것이고 비단 저의 경우에만 그런 건 아니지요. 프랑스 기관들의 역사에 대한 연구, 대학, 고등사범학교, 콜레주드프랑스, 고등연구원 사이의 관계에 대한 연구에 착수해야 할 것입니다. 이런 대립은 적법과 비적법 사이의 대립이 아니라 적법한 심급審級들의 아주 복잡한 분배입니다.

파리, 1993년 7월 16일.

II

희망은 마침내 어떤 것이 일어나야arriver 하기 때문에 어떤 것 (가능한 최종 목적을 규정하는 것)이 있다는 추론에 귀착하고, 지식은 어떤 것이 일어나고 있기 때문에 어떤 것(지고의 원인으로 작용하는 것)이 있다는 추론에 귀착한다.[1]

데리다: 장래avenir, 도래-할à-venir 개방, 이 개방은 단지 미래futur를 향해 열리는 게 아닙니다. 도착하는 것ce qui arrive과 도래하는 것ce qui vient을 향해, 사건의 형태를 지닌 무언가를 향해 열리는 것이죠. 이 논제는 맥락에 대한 어제의 논의와 연결되어야 합니다. [*한편으로] 맥락 안으로의 기입이라는 운동이 있습니다. 이 편에서 본다면 맥락만이 존재합니다. 그러나 [*다른 한편으로] 이 기입은 주어진 맥락을 개방시키고 새로운 맥락적 정세가 도착하게끔 만듭니다. 이로써 맥락이 생산되고 변형됩니다. 이 [*다른] 편에서 본다면 어떤 산물은 일개 문

---

[1] E. Kant, *Critique de la raison pure*, tome I, trad. A. J. -L. Delamarre et F. Marty, in *Œuvres philosophiques*, Paris, La pléiade, 1980, p. 1366[*A805=B833].

장, 제스처, 표지조차도, 혹은 표지의 나열조차도 맥락을 굴절시키고 결과적으로 새로운 맥락을 부릅니다. 기왕의 맥락 안에서 제 의미를 얻는 순일한 하나의 문장도 다른 맥락에 호소하면서 거기서 이해되려 하죠. 문장은 이해되기 위해서 자신이 기입되는 바로 그 맥락을 변형시켜야 할 필요가 있습니다. 결과적으로 새로운 맥락의 생산은 그런 일이 벌어지는 곳에서라면 바로 이 호소에 의해서, 이 장래의 약속에 의해서 개방된 채로 머물기 마련입니다. 장래는 현존하지 않지만 장래로의 개방은 있습니다. 장래가 있기 때문에 맥락은 언제나 열려 있게 되는 것이죠. 우리가 맥락의 개방이라고 부르는 것은 도래할 것으로 남아 있는 무언가를 위한 또 다른 이름입니다.

정의는 언제나 종말론적 차원을 간직합니다. 존재하는 것의 너머에, 약속의 질서에 속하지요. 저는 이 종말론이라는 가치를 메시아주의라는 가치에 연결시키려고 하며, 으레 종교적이거나 철학적인 모습으로 제시되곤 했던 종말론적·메시아적 차원을 그런 모습과 내용으로부터 해방시키면서 지금 이 가치를 다시금 긍정하려고 합니다. 종말론의 경우 말단extrême에 대한 사유, 에스카톤eschaton의 사유로서 철학적이었고, 혹은 메시아주의의 경우 '책'의 종교로서 종교적이었습니다. 어째서 정의는 종말론적이고 메시아적일까요? 신을 믿지 않는 사람에게도, 유대-기독-회교적 계시에 의해 규정되는 신앙과는 무관하게 살아가는 사람에게도 정의란 선험적으로 그런 것이었습니다. 이는 어쩌면 방금 말한 장래의 호소를 실행시키는 것이 존재 및 역사의 너머로 향하는 어떤 약속 내지 호소이기에 그런지도 모릅니다. 장래의 호소는 모든 부류의 존재론적 규정을, 존재하는 모든 것, 현존하는 모든 것, 존재의 장 전체, 존재자의 장 전체, 역사의 장 정체를 초과합니다. 이것은 존재 및 역사와 관련하여 규정 가능한 모든 종말fin의 너머에 있는 말단입니다. 그리고 이 종말론은 말단의 너머에 있는 말단, 최후의 너머에 있는 최후로서 장래의 규정 불가능성을 향해 열리는 절대적이고 유일한 개방이어야 합니다.

어쩌면 지평이라는 가치로부터 장래라는 가치를 해방시켜야 할지도 모릅니다. 지평은 전통적으로 장래와 함께 운신하는 것이었지만 말입니다. 그리스어에서 알 수 있듯이 지평이란 내가 장래를 앞질러 이해하는 출발점이 되는 한계입니다. 장래를 앞질러 이해한다는 것은 장래를 기대하며 기다리고 예상하고 앞질러 규정한다는 것이고, 따라서 장래를 무화無化시킨다는 것이죠. 목적론이란 근본적으로 장래를 부정하는 것으로, 도래할 잔여ce qui reste à venir가 취할 형식을 미리 알아내는 한 가지 방식입니다.

제가 종말론적이라거나 메시아적이라고 부르는 것은 [*지평이라는 가치로부터 해방된 장래,] 너무나도 탈각脫却되고 미규정적인 나머지 존재를 도래하게끔à venir 내버려두는 장래, 존재를 미규정적인 채로 내버려두는 장래와 맺는 관계입니다. 장래·

약속·메시아에 규정된 윤곽을 부여하자마자 메시아적인 것은 제 순수성을 상실합니다. 그리고 우리가 지금 논하는 의미의 종말론적인 것에 대해서도 저는 똑같이 말하고 싶습니다. 그건 너무나도 사막화되어서 그 어떤 종교도, 그 어떤 존재론도 발견될 수 없는 메시아적 종말론입니다. 텍스트들을 면밀히 읽으려면 하이데거가 종말론에 대해서 논한 국면을 봐야 했겠지만, 어쨌거나 여기서 관건은 장래와의 모든 관계 안에 함축된 결단으로서의 긍정affirmation입니다. 종말론적인 것과 메시아적인 것을 장래다운 장래와 맺게 되는 관계의 구조로서 재긍정해야 합니다. 만약 장래다운 장래가 있다면 그것은 스스로를 고지할 수조차 없는 것입니다. 그것은 오로지 종말론적인 것과 메시아적인 것 안에서만 스스로를 미리, 위에서 고지할 수 있습니다. 그러나 이것들은 종말론적인 것의 비워냄ké-nose이고 메시아적인 것의 비워냄일 것입니다. 이 비워냄은 비의적 수행이나 고행적 절제의 목표일 필요도 없습니다. 그럼에도 불구하고 비워냄이 메시아주의와 종말론을 통해 우리의 현재·지금·일상을 가공한다는 것을 알아채야 합니다. 이 '지금'은 물론 한갓 '현재'가 아닙니다.

    이 비워냄의 사막을 어떻게 정의와 연결할 수 있을까요? 혹자는 이렇게 말할 것입니다. "그런 탈각으로는, 거기 우리가 동의한다손 치더라도, 정의를 정의롭게 취급할 수 없다. 정의는 그런 것과는 아무런 관계가 없다." 저는 바로 이것에 반대하는 주장을 하고자 합니다. 이 비워냄에 의해서 그렇게 이루어지는 "구원받음"이 절대로 재전유될 수 없는 장래의 난입이라면 그것은 타자의 형상을 지녀야 합니다. 단순히 공간상에 있는 [*구체적인] 무언가의 형상은 아니죠. 그건 우리가 획득할 수 없는 형상입니다. 예기, 재전유, 계산, 모든 선규정에 도전할 수 있는 것, 그것은 독특성입니다. 급진적 타자성이 없다면 그런 타자성에 대한 존중이 없다면 장래다운 장래도 없습니다. 여기서 ─ 도래할-것과 급진적 타자성을 재전유할 수 없는 것으로서 묶어내는 것 안에서 ─ 정의는 조금 수수께끼 같은 의미에서 장래의 분석적인 일부를 이룹니다. 정의는 법 권리를 초과하는 것으로서 사유되어야 합니다. 법 권리는 규정 가능한 규범들의 모음입니다. 이 규범들은 실증적인 것들이고 실증적으로 구현될 수 있는 것들이죠. 하지만 정의를 법 권리와 구별하는 것만으로는 미진합니다. 정의는 존재하는 것 일반과 구별되어야 합니다.

법 권리, 정치, 세속의 도덕을 염려하는 이들은 이렇게 유령 같은fantomatique 정의에 반대할 수 있겠습니다. 저는 그런 반대가 있다는 걸 잘 알고 있습니다. 그 물음에 대답해야 할 것입니다. 정치·윤리·법률의 문제란 정의를 법 권리·정치·역사와, 존재하는 것 일반l'ontologique과 절합節合시키는 것입니다. 하지만 저는 이렇게 생각합니다. 그 문제들이 중차대하다는 건 물론 잘 알고 있습니다. 그리고 결단을 내려야 할 때, 정치적인 것을 해야 할 때 우리는 그런 문제들을 해결해야 합니다. [*하지만] 저는 정의의 이 과잉이, 즉 정의가 방금 막 거론한 모든 것에 대해 과잉이라는 사실이 시야에서 상실될 때 총체화를 위한 조건들이 필시 충족되리라 믿습니다. 정의가 없는 법 권리, 도덕적 양심, 법적 양심의 전체주의에 대해서도 사정은 마찬가지일 테고, 이는 장래가 없는 현재일 것입니다. 종교들의 전쟁에서 편을 들고자 하는 마음은 없습니다. 하지만 메시아가 [*이미] 도착한 종교들, 메시아적 소명이 완수된 종교들의 경우, 정의와 장래가 총체성에 대해 초월적임을 놓칠 위험이 언제나 존재합니다.

  인정이라는 주제, 인정받고자 하는 의지라는 주제, 당연히 밀접하지만 상이한 이 주제에 관해서라면 당신에게 동의합니다. [*그저] 인정받기 위해서 인정받는 일이 문제가 아닐 때 ― 나르시시즘적 이미지라는 문제가 단순하지 않은 것과 마찬가지로 ― 인정이라는 문제는 즉시 복잡해집니다. 모종의 방식으로 있는 그대로의 자기 자신으로서 인정받는 일이 문제가 아니라 바라는 대로의 자기 자신으로서 인정받는 일이 문제일 때 말이죠. 만약 "내"가 현재의 있는 그대로의 나로서가 아니라, 예컨대 내가 정의에 관해 말하고자 시도하는 바를 통해서 인정받기를 원한다면, 특히 나 자신의 규정들을 포함해서 존재론적인 규정들 전체를 초과하는 무언가(내가 정의에 대해 말한 바는 나의 이름에 견주면 너무 지나친 것이어서 나는 거기에 서명하거나 그걸 재전유할 엄두조차 내지 못한다)를 통해서 인정받기를 원한다면, 내가 말한 바를 통해서 이해되기를 원한다면 그것은 있는 그대로의 나로서 인정받기 위한 것이 아닙니다. 그건 전혀 다른 무언가를 하기 위한 것입니다. 당연히 저는 제 말이 이해되었으면 하죠. 하지만 그걸 저의 작품으로 재전유하고 그 공적을 저의 것으로 삼기 위해서는 아닙니다. 부수적으로나 추가적으로 그럴 수야 있죠. 하지만 그게 본질은 아닙니다. 제 말과 글에서 저는 여타의 많은 명령에 앞서 바로 이 명령을 승인합니다. (제가 "나를 봐"라고 말하는 인간이었더라면 저는 이렇게 말하지 않았겠죠.) 제가 이렇게 말하는 것은 인정이나 나르시시즘을 누군가가 비웃는다는 점을 시사하기 위해서가 아닙니다. 저는 나르시시즘이라는 개념을 의문에 붙이곤 했습니다. 그건 잘못 만들어진 개념이죠. 하지만 어쨌거나 나르시시즘은 커다란 물음이고, 그래도 그것이, 의식들 사이의 사영적 관계가 다른 무언가를 향해 개방되는 지점이 존재합니다. 우리는 이를 헤아려야 합니다. 해명rendre compte이 연산이나 계산으로 이루어져 있다면 우리는 이를 해명할 수 없을 것입니다. 방금 우리가 장래, 정의, 메시아, 종말론 등의 이름 아래 말한 것은 어떤 계산 불가능함입니다. 정의는 해명compte-rendu보다, 계산 가능한 법 권리보다, 귀책성comptabilité보다 과잉인 것입니다. 책임성은 귀책성이나 계산 가능성을 초과하는 것이죠.

이렇게 말하면서 저는 인정받고자 합니다. 이는 제가 재전유할 수 없는 무언가죠. 그래서 종말론적인 것이나 메시아적인 것은 희망이나 약속 같은, 겉보기엔 작렬하는 이 모든 모티프의 꼴을 지니고 있다 할지라도 죽음의 체험입니다. 이걸 말하면서 저는 저 자신의 죽음에 대해 말하고 있다는 사실을 알고 있습니다. 죽음은 제가 아무것도 재전유할 수 없는 지점이죠. 오로지 사멸자만이 이런 의미에서 장래를 논할 수 있습니다. 일개 신은 그런 담론을 감당할 수 없어요. 저는 잘 알고 있습니다. 이 모든 것이 하나의 담론, 아니 체험이라는 것을요. 그것은 죽음의 임박 때문에 가능해지는 체험이고, 이 체험이 곧 장래입니다. 여기서 임박함이란 죽음이 언제든 들이닥칠ar-river 수 있다는 사실입니다. 『존재와 시간』에서 하이데거는 이를 훌륭히 논했지요. 죽음이 언제든 들이닥칠 수 있다는 사실은 저 정의에 즉각적 명령이라는 성격을 부여합니다.

이런 논박이 가능하겠습니다. 정의는 법 권리를 언제나 초과하기에 우리는 결코 거기에 도달할 수 없다고, 결과적으로 그것은 언제나 지연된다고, 심지어 그것은 칸트적 의미에서의 무한 이념조차 아니라고, 그것은 여전히 더 멀리 있는 것이고, 어쨌거나 과잉인 무언가라고, 그러나 그렇기에 우리가 거기에 도달하지 않는다고 해도 죄책이 없다고. 하지만 전혀 그렇지 않습니다. 이 과잉은 지금 여기에서 독특한 방식으로 이루어지는 위급한 강제입니다. 그것은 기다리지 않지요. 임박이란 그것이 매 순간 몰아붙인다는 뜻입니다. 그것은 결코 현존하지 않지만 내일로 미뤄지기를 원하는 건 아닙니다. 그것, 타자와의 관계, 죽음은 말이죠.

페라리스: "고대인의 덕성은 명확하고 확고한 의미를 지니고 있었다. 즉 민족의 실체를 내용이 풍부한 토대로 하여 이미 현실에 존재하는 선을 목적으로 삼는 가운데 현실이 총체적으로 전도되었다고는 생각지 않았고 또한 세계 행로에 이의를 제기하는 일도 없었다. 그러나 지금까지 보아온 근대의 덕성은 실체를 일탈한 본질 없는 덕성이며, 실질적인 내용을 갖추지 않은 한낱 관념이나 말잔치로 끝나는 덕성이었다. 세계 행로를 말로만 질타하는 덕의 공허함은 이 미사여구에 담겨 있는 의미가 어떤 것인지 밝혀지고 나면 그의 정체가 여지없이 드러나므로 아무런 신선미도 없게 된다. 그래서 이 의미는 잘 알려진 것으로 전제되는 것이다. 따라서 이렇듯 알려져 있는 것을 구태여 말로 해야 한다면 봇물 터지듯 새로이 열변을 토하거나 아니면 반대로 단지 마음에나 호소하여 말하고자 하는 것을 내심으로 중얼거리는 정도로 끝내버릴 수밖에 없겠다."[2] 헤겔은 "이 객설의 무가치함"을 비난하면서 논의를 이어갑니다. 제게 이는 옳은 일처럼 보입니다. 헤겔 당대에는 뻔한 말이 되어버렸고

---

[2] G.W.F. Hegel, *La phénoménologie de l'esprit*, tome I, trad. Jean Hyppolite, Paris, Aubier, 1992, p. 319[게오르크 빌헬름 프리드리히 헤겔, 『정신현상학』, 1권, 임석진 옮김, 한길사, 2005, 404쪽].

우리의 시대에도 그런 처지인, 윤리에 관한 거대 담론들을 생각해보는 걸로 족합니다. 그럼에도 결단의 순간이 그 어떤 법으로도 규정될 수 없는 광기임에도 불구하고 저는 어떤 공간이 존재한다고 믿습니다. 이 공간은 『크리톤』의 공동체 같은 그런 효율적인 공동체를 위한 것은 아닙니다. 그것은 레비나스Levinas에 대한 논고[*『폭력과 형이상학』]에서 물음의 공동체, 심문의 공동체, 해석의 공동체, 우화 해석allégorèse의 공동체라고 부른 그런 공동체를 위한 것입니다.

 데리다: 물론이죠. 저는 그런 의미에서의 공동체에 대해서라면 논하기를 저어하지 않습니다. 우화 해석의 공동체, 유일한 계약[*결속] 안에 있는 공동체 말이죠. 이 결속은 결속된 것들의 독특성을 지우기는커녕 더욱 강조합니다. 저는 이런 공동체의 이미지를 별 곤란함이나 저어함 없이 받아들입니다. 이 공동체가 현전하는 것들의 동시간성contemporanéité에서 출발해서 연결되지 않고 당신이 우화 해석이라고 칭한 것에 의해 산출되는 열림을 통해서 연결된다면 말이죠. 이는 곧 기정되지 않은 텍스트, 자기 유폐적이지 않은 텍스트에 대한 해석에 의해서, 텍스트를 변형시키는 해석에 의해서 연결된다는 것입니다. 그것은 독해의 공동체인 만큼 글쓰기의 공동체일 것입니다. 즉 이미 주어져 있고 이미 이해되고 있는 계율에 의해서 연결되는 공동체가 아닙니다. 계율의 석판이 이미 존재해야

합니다 — 이건 현전적으로 존재해야 한다는 건 아닙니다. 그래야 장래는 여전히 행해져야 하고 읽혀야 하고 쓰여야 하게끔 남아 있는 것에 대해서 열린 채로 머물 수 있습니다. 저는 이런 공동체에 관해서라면 망설임이 없습니다. 다만 그것을 공동체라고 부르는 걸 줄곧 망설였다면, 이는 그런 모임 안에서 실행되고 있는 장래의 힘이 통합적인 만큼 파열적인 힘이고 합의에 이바지하는 만큼 분열을 야기하는 힘이기 때문입니다.

 어째서 그것을 공동체라고 부릅니까? 우리와 가까운 이들이 만들고자 시도했던 것을 함께하기 위해서입니다. 블랑쇼의 밝힐 수 없는 공동체가 됐든, 낭시의 무위의 공동체가 됐든 말이죠. 저는 이런 공동체들에 관해서라면 아무런 유보가 없습니다. 단순하게 말해서 어째서 그것들을 공동체들이라고 부를까요? 제가 그 용어를 쓰기를 줄곧 망설인 것은 그 용어에서 공동체의 **공통**commun, 즉 하나-됨comme-un의 울림이 종종 너무 컸기 때문입니다. 하지만 당신이 환기시킨 조심스러움을 유지한다면 저는 반대할 이유가 없습니다. 파열만으로는 정의에 응하기에 부족하다는 것을 저는 잘 알고 있어요. 부조화나 분열로는 충분하지 않습니다. 정의, 메시아적인 것, 타자와의 관계는 반反공동체로 [흡수될 수 없습니다].**3** 하지만 예컨대 바로 그 블랑쇼가 밝힐 수 없는 공동체를 긍정하는 동시에 타자

3　편집자: 타자본에서는 "더 이상 동일시될 수 없습니다."

와의 관계는 개입이어야 한다고 주장할 때 관건은 개입에 권리를 주는 공동체입니다. 공동체라는 말은 성가시지 않습니다. 그것이 줄곧 보존해온 함축들이 아니라면 말이죠. 블랑쇼가 『우정L'amitié』이나 『무한한 대화L'entretien infini』에서 규정한 의미에서의 공동체주의조차도 그런 함축들을 가지고 있죠. 그건 공통적인 것 외의 모든 것tout sauf commun을 공통점commun으로 삼는 그런 공동체주의입니다. 그것은 주관성의 질서에, 현전하는 이들의 관계 — 그게 얼마나 역설적이든 — 로서의 상호주관성의 질서에 속하지 않는 무언가를 공통적인 것으로 두는 것입니다. 우리가 여태 말한 모든 것은 고전적 의미에서의 공동체를, 심지어는 상호주관성까지 의문에 붙입니다.

페라리스: 법정에서는 묵비권droit de non-réponse이 공식적으로 인정되지만 미디어나 문학의 법정에서는 그렇지 않습니다. 게다가 거기서는 응답권droit de réponse[*반론권]조차도 의심스럽죠. 모종의 방식으로 공동체는 언제나 이미 존재하며, 게다가 너무 많이 존재합니다. 가족들, 모든 가족이 그러하듯 통속적이고 집단적인 방식으로 존재하죠. 당신은 지드의 가족 비판을 종종 인용합니다. 다음과 같은 당신 특유의 번역을 거기에 덧붙이면서 말이죠. "나는 가족에 속하지 않는다."

데리다: 그 문장으로 들어가기 전에 저는 묵비권에 대해 두

마디만 하고 싶습니다. 응답이라는 주제와 관련해서는 균열을 일으키는 역설이 있습니다. 그건 [물론]**4** 민주주의가 응답의 권리를 보장해야 한다는 것입니다. 이는 특히 민주주의가 언론의 자유, 의견의 자유, 표현의 자유에 부여하고자 하는 형식 아래서 이뤄집니다. 그런데 일상적인 경험을 보면 민주주의는 이 권리를 잘 보장하지 못합니다. 미디어가 발전함에 따라 점점 더 그렇죠. 미디어에서 표현의 자유는 일방적인 소통입니다. 특히 프랑스에서는, 법이 응답권을 보장한다고 해도, 그 권리가 기술적으로techniquement 전혀 보장되지 않는다는 걸 우리는 알고 있습니다. 결과적으로 민주주의는 전혀 보장되지 않고 보장되지 않을 것입니다. 응답권이 절대적으로 보장되지 않는 한 민주주의는 결코 응당한 민주주의일 수 없습니다.

그리고 응답권은 결코 보장되지 않을 것입니다. 논제를 한 문장으로 하면 이렇습니다. 민주주의 안에는 응답권이 없다. 만약 민주주의가 언제나 도래할 것으로 머문다면, 이는 응답권이라는 무한한 권리가 결코 충만하게 보장되지 않을 것이기 때문입니다. 우리는 이를 쉽게 보일 수 있습니다.

역으로 민주주의라는 개념 자체는**5** 주체의 책임성responsabilité, 즉 응답répondre의 의무 위에 정초됩니다. 즉 당신이 응

---

4 편집자: 타자본에서는 "한편".
5 편집자: 타자본에서는 "그 동일한 개념".

답하지 않을 권리 없음non-droit de non-réponse이라고 불렸던 것 위에 정초됩니다. 민주주의[*적 정체]에서는 누군가 당신의 이름을 부를 때 당신이 그에게 응답해야 합니다. 공적 공간은 주체가 호명interpellé되는 공간이고 응답해야 하는 공간입니다. 증언하도록, 투표하도록, 정체identité를 밝히도록 촉구될 때 "응답하지 않겠소"라고 말하는 이는 감옥에 갇힐 수 있습니다. 민주주의는 응답권과 묵비권 모두를 지켜야 하겠지만 둘 중 어느 쪽도 지키지 못합니다. 『필경사 바틀비』는 제가 좋아하는 문학 사례입니다. "저는 그렇게 하지 않기를 선호합니다"라는 바틀비의 말은 응답하는 것도 아니고 응답하지 않는 것도 아닙니다. 그는 아니요라고도 말하지 않고 예라고도 말하지 않습니다. 그는 "저는 그렇게 하지 않기를 선호합니다"라고 말하죠. 멜빌Melville의 이 엄청난 텍스트에 관해 말할 게 많습니다. 그런가 하면 디킨스Dickens에게도 유사한 점이 있죠. 예나 아니요라고 [*대답해야] 하는 타자와의 관계에서 [*디킨스의 화자는] 말합니다. "나는 자유를 지키고 싶다. 대항하거나 저항하거나 거부하는 게 아니다. 나는 응답하지 않는 것이다. 예도 아니고 아니요도 아닌 진술들에 서명하면서, 이중의 부정이나 변증법이 아닌 예도 아니고 아니요도 아님을 통해서." "저는 그렇게 하지 않기를 선호합니다." 이것은 죽음과 연결되어 있는 형상입니다. 이에 관해서는 말할 것이 많습니다. 묵비라는 문제는 정초적인 정치적 문제로서 지목됩니다.

이렇게 응답의 서두를 트고 나서 저는 다음의 문장으로 넘어갑니다. "나는 가족에 속하지 않는다." 잘 아시겠지만 다양하게 되울리는 이 정식을 가지고 저는 유희했던 적이 있습니다. "나는 가족에 속하지 않는다"는 일반적으로 이런 뜻입니다. "나는 나를 가족[*의 성원]이라는 소속에 의해서 규정하지 않는다." 이는 시민사회나 국가라는 소속에 대해서도 이야기 될 수 있습니다. 나는 나를 혈족의 기본 형식에 의해서 규정하지 않는다. 하지만 이것은 비유적으로는 내가 어떤 집단의 일부도 아니라는 것, 어떤 언어적 공동체 안에도, 어떤 국민 공동체 안에도, 어떤 당에도, 어떤 집단에도, 무엇이 됐건 어떤 회당에도, 어떤 철학적 학파에도, 어떤 문학적 학파에도 속해 있지 않다는 것입니다. "나는 가족에 속하지 않는다"는 이런 뜻입니다. 나를 당신네 중 하나로 취급하지 말라, 나는 항상 나의 자유를 수호하기를 원한다, 내게 이건 독특하기 위한, 타자이기 위한 조건인 동시에 타자들의 독특성 및 타자성과의 관계 안으로 진입하기 위한 조건이다. 가족의 일원일 때 우리는 군집 안에서 스스로를 상실할 뿐만 아니라 타자들 [역시] 상실합니다. 이때 타자들은 그저 가족 내에서의 자리들, 기능들이 되어버립니다. 하나의 집단·학파·국민을 구성하는, 혹은 동일한 언어로 말하는 주체들의 공동체를 구성하는 유기체적 총체 안에 있는 자리들이나 기능들이 되는 것이죠.

이 재담은 저의 별난 구석에 대한 기술입니다. 이는 완전히 단독자적인 역사를 통해 분석될 수 있는 것이기도 하죠. 실은 저는 가족에 소속되지 않으려는 성정을 타고났습니다. 제가 그러려고 선택한 건 아니죠. 이는 제가 알제리 출신 유대인이라는 사실과 결부됩니다. 이건 특정한 공동체 유형입니다. 이 공동체에서는 유대주의에 소속되는 것도 알제리에 소속되는 것도 프랑스에 소속되는 것도 문제가 됐습니다. 이 모든 것이 나의 성정을 소속됨에 반대하게끔 만들었습니다. 하지만 내 역사의 개별적 성벽idiosyncrasies의 너머에서도 어떤 이유에서 "내"가 가족에 속하지 않아야 하는지 지적하고 싶습니다.

누군가가 말합니다.[6] "나는 가족에 속하지 않는다." 그나저나 이 언표를 또 다른 방식으로 분석하고자 할 때 이는 단지 사실에 대한 기술이 아니게 됩니다. 제가 방금 그렇게 했던 것처럼 말이죠. 그것은 [*차라리] 존재의 한 가지 방식입니다. 이렇게 말하는 셈이죠. "나는 가족에 속하기를 원하지 않는다." "나는 가족에 속하지 않는다"는 것은 수행이고 앙가주망engagement입니다. 일단 수행적인 것을 [*사실적인] 기술로부터 분리하고 나면 우리는 수행적인 것에 관한 분석을 속행할 수 있습니다. 수행적인 것의 일차적 차원은 방금 제가 말한 것입니다. 나는 가족에 속하지 않는다, 나를 당신네들 중 하

---

6 편집자: 대담에서 데리다는 이런 식으로 물꼬를 텄다. 그러나 즉시 자신의 의도를 변경하고 문장의 구조를 바꿨다. 그러니까 이 문두는 구문상 아무런 의미를 지니지 않는다.

나로 헤아리지 마라, 나는 당신네가 아닐 것이다. 이제 이차적 차원은 모종의 방식으로 앞의 차원 내부에 거하면서 그것을 초과합니다. 이 이차적 차원이란 가족에 속하지 않기를 원한다는 사실이 가족에 속하기를 원한다는 사실의 전제가 된다는 것입니다.* 무엇이 됐든 특정한 공동체에 귀속되려는 욕망은, 즉 귀속의 욕망은 귀속되지 않았다는 사실을 전제합니다. [*이미] 가족의 성원이었다면 나는 "나는 가족에 속하기를 원한다"고 말할 수 없을 것입니다. 달리 말하면 나는 "나는 이탈리아인이기를 원한다, 유럽인이기를 원한다, 그 언어를 말하기를 원한다 등등"을 말할 수 없을 것입니다. 내가 이미 그 일부였더라면 말이죠. 국민, 언어, 정치, 철학의 면에서 귀속되려는 동기 그 자체는 귀속되지 않았음을 사실적 상태로서 전제합니다. 여기에는 정치적 귀결들이, 즉 동일성이란 존재하지 않는다는 귀결이 존재할 수 있습니다. 귀속을 목적으로 삼는 동일시와 추동이 존재합니다. 하지만 이 추동 자체는 귀속되지 않았음을, 이것이나 저것이고자 하는 사람들, 프랑스인, 유럽인 등등이고자 하는 사람들이 실은 그렇지 않음을 전제합니다. 그들은 그들이 [*자신들이 되고자 하는 그것이] 아님을 알고 있습니다. 그래서 가족이란 우리가 결코 귀속될 수

---

* 이 대목에서 데리다의 말은 약간 부정확한 것처럼 보인다. 그는 "이 이차적 차원이란 가족에 속하지 않는다는 사실이 가족에 속하기를 원한다는 사실의 전제가 되는 것"이라고 말했어야 할 것이다.

없는 무언가이자 우리가 항상 귀속되어 있는 무언가입니다. 가족이 그렇게나 드라마틱한 물건이라면 그 때문이죠. 가족은 (그리고 국민이나 인류는) 자기동일성이 없거든요. 그건 결코 하나의 [*정태적] 상태가 아닙니다.

페라리스: 부성성은 어떤가요? 아리스토텔레스의 말을 빌리자면 그건 우리가 자신의 작품들에 대해 아비이듯 제 고유한 자식들의 아비이게끔 만드는 자기 이미지 같은 것이죠. 성숙한 나이가 되어, 예컨대 37살 즈음하여 헤겔이 『정신현상학』을, 하이데거가 『존재와 시간』을, 그리고 당신의 경우엔 『그라마톨로지』, 『목소리와 현상』, 『글쓰기와 차이』를 쓰게끔 만든 그 이미지는 어떤 것입니까?

데리다: 가족에서의 부성성을 작품에서의 부성성과 연결시키는 무언가를, 그 모든 합치와 조화를 해석하는 일에 제가 매료되지 않은 것은 아닙니다. 그 일은 그 모든 목적론이 최적으로 성숙한 때에, 달리 말하면 그것의 특정한 나이에 제자리를 찾게 되는 무언가를 해석하는 일이죠. 당신의 시놉시스는 목적론을 전제합니다. 그건 매력적인 일입니다. 그렇지만 저는 정반대의 작업에도 매료됩니다. 즉 부성성은 불가능함을, 그래서 부성성이라는 이념 자체에 어떤 부정합적 면모가 있음을, 그리고 작품과의 관계는 부성적인 관계가 아님을 드러내

는 일에 매료됩니다. 우리는 자식에도 작품에도 서명할 수가 없습니다. 아비가 된다는 것은 자신이 아비가 아니라는 사실의 체험입니다. 이 체험은 기쁨의 극치이자 고통의 극치죠. 자식이란 우리가 책임질répond [수 있는] 존재가 아니라는 사실, 자식이란 스스로에게 응답하는répond 존재이고 전적으로 홀로 말할 수 있는 존재라는 사실을 우리는 체험합니다. 그러니까 부성성이란 어떤 상태나 고유성propriété이 아닙니다. 가족과 관련된 가계에 관해서든, 우리가 텍스트나 작품이라고 부르는 것과 관련된 가계에 관해서든 말이죠. 자기 자신과 불일치하는 고유성, 즉 이 비고유성impropriété은 더 밀고 나아갑니다. 우리로 하여금 계속 이어나가게끔 만들죠. 만약 아이를 가지는 누군가가, 어떤 작품이나 문장에 서명하는 누군가가 그러길 멈추지 않는다면, 이는 다름 아니라 [*서명자] 자신[*이 사라지고 난] 이후에도 그것들이 존속할 것이기 때문입니다. 이는 본질적으로 자기 자신과의 불일치이고 부정합입니다. 그래서 그런 궤도에서 제가 보려던 것은 차라리 탈구의 논리이고 완수되지 않음의 논리죠.

예컨대 37살 무렵에 벌어질 법한 일에 관해서라면 당신은 부당하고도 관대하게 저를 같은 나이에 위대한 저작들에 서명한 위대한 철학자들에 견주었습니다. 하지만 제가 37살에 출간한 것이 모태가 될 만한 위대한 작품이라고는 도저히 말할 수 없습니다. 그것들은 원고들이지 책들이 아니었습니다. 사실 존재하는 것은 단편적 텍스트들의 [연속체]⁷나 쇄도 같은 것입니다. 그 텍스트들은 모두 불충분하며, 책을 이루지 않았습니다. 그 권卷들, 즉 『그라마톨로지』, 『글쓰기와 차이L'écriture et la différence』, 『목소리와 현상』 중 어떤 것도 책이 아니라는 것을, 책이라는 기획에 응하지 않는다는 것을 증명하기란 그리 어렵지 않습니다. 다음과 같이 단 두 마디로 증명할 수 있습니다. 『글쓰기와 차이』는 1962년 및 1963년부터 1967년까지 이르는 텍스트들을 모은 논집이고, 『그라마톨로지』는 이질적인 두 조각(첫 번째 부분과 루소에 관한 부분)을 다소 인공적으로 그러모아 만든 것입니다. 이 대리 보충성의 논리는 미완의 논리입니다. 그리고 『목소리와 현상』을 보자면 그건 강연입니다. 저는 그걸 여름에 몇 주 만에 써 내려갔고, 이는 미국에서의 강연을 위해서였습니다. 이후 이폴리트Hyppolite에게 보여줬더니 그가 "이걸로 한 권의 책을 만들 수 있겠네"라고 말해서 그렇게 [*출판이] 결정됐던 것이죠. 하지만 그건 한 권의 책으로 기획됐던 것이라고는 결코 말할 수 없지요. 그러니까 그 모든 것은 개화나 완수와는 무관합니다. 그것들은 차라리 급작스러운 충동처럼, 발작적 요동처럼 보입니다. 그것들은 완수되지 않았기 때문에, 바로 그 때문에, 제가 방금 언급한 이유들 때

---

7   편집자: 이 단어는 데리다가 손수 여백에 추가한 것이다. 알아보기 쉽지 않은 탓에 편집자들은 지은이가 선택한 용어가 이것인지 확신하지 못한다.

문에, 불일치 때문에 이어나가가기를 촉구합니다. 물론입니다. 이는 부분적으로는 오해를 경고하고 정확을 기하기 위한 것이기도 하지만, 불일치 자체를 더 늘리기 위한 것이기도 합니다.

페라리스: "도덕이라곤 찾아볼 수 없는 존재들조차 이해받고자 노력한다는 것은 순전히 [*사실에 대한] 서술로, '촉구'와는 아무런 상관이 없고 윤리와는 더욱 무관합니다. 나는 이러한 서술에 데리다 씨가 실로 동의하지 않으리라고는 생각하지 않습니다. 입술을 달싹이는 이는 누구나 이해받고자 하는 욕망을 지니고 있습니다. 그런 욕망이 아니라면 우리는 말하지도 쓰지도 않을 것입니다."[8]

데리다: 저는 다음과 같이 말하고 싶을 따름입니다. 글을 쓰는 행위가 이해받고자 하는 욕망과 꼭 결부되어 있는 것은 아니라고 말입니다. 글을 써본 경험으로 저는 그렇게 생각하게 됐습니다. 이해되지 않았으면 좋겠다는 역설적인 욕망이 존재합니다. 간단하지는 않지만, 어쨌거나 "이 텍스트 전체를 아무나 이해하지는 않았으면 좋겠다"와 같은 무언가가 있습니다. 투명한 이해 가능성이 보장된다고 해봅시다. 그건 텍스트를

---

[8] H.-G. Gadamer, "Et pourtant: puissance de la bonne volonté(une réplique à Jacques Derrida)", in *Revue internationale de philosophie*, n° 151, 1984, p. 344.

파괴해버릴 것입니다. 투명한 이해 가능성은 텍스트에 아무런 진정한 미래도 없다는 걸, 텍스트가 [*지금 당장의] 현재를 넘어서지 못한다는 걸, 즉시 소진되어버리고 만다는 걸 보여줍니다. 결론적으로 오해와 몰이해의 지대야말로 [*장래를 위한] 비축이고 또한 과잉을 위한 기회입니다. 장래를 허락하는 과잉의 기회지요. 그런 과잉으로써 새로운 컨텍스트들이 배태되는 것입니다. 만약 내가 말하는 걸 아무나 즉시 이해할 수 있다면 [그건] 내가 [*새로운] 컨텍스트를 만들어내지 못했고 [*기왕의] 기다림에 기계적으로 응답했을 뿐이라는 [뜻입니다]. 그렇게 사태는 끝나버립니다. 사람들이 박수를 치며 기쁘게 읽는다고 해도 [그들이] 책을 덮을 때 그냥 끝나버리는 것입니다.

그러니까 약간 변태 같아 보일 수도 있는 욕망이 존재합니다. 사람들이 즉각적으로 이해함으로써 전유해버릴 수 없는 그런 것을 쓰고 싶다는 욕망 말이지요. 저는 간단하게 쓸 수 있을 텐데도 불필요하게 난해하게 쓴다는 비난을 종종 들었습니다. 그것도 일부러 그렇게 한다고 비난받았지요. 저는 이렇게 말하고 싶습니다. 그 비난은 부당하면서도 온당하다고 말이죠. 저는 어쨌거나 명료하게 쓰려고 했습니다. 그래서 그런 비난은 부당합니다. 저는 불가해한 장애물을 잔뜩 만드는 짓으로 기쁨을 느끼는 그런 사람이 아닙니다. 때때로 저는 저 자신이 아주 교육적이라고, 아니 지나치게 교육적이라고 생각하기까지 합니다. 하지만 위에서 말한 과잉에 입각한 요구가 글

안에 존재한다는 걸 저는 인정하지 않을 수 없습니다. 제가 말한 바에 관한 저의 이해에 대해서조차 그렇습니다. 그것은 특정한 부류의 개방성·유희·미규정성을 남겨두라는 요청입니다. 그런 개방성·유희·미규정성이 [*미래와는 구별되는 진정한] 장래를 맞아들이는 것입니다. "우리는 그게 무엇을 의미하는지 아직 알지 못한다. [*그러니] 다시 시작해야 한다. 다시 돌아가야 한다. 이어나가야 한다." 시간이 좀 있었다면 텍스트들 안에서 어떻게 각 텍스트가 이런 개방을 실천하는지 정확하게 보여줄 수도 있을 것입니다. 도래할 자를 위해, 도착하는 자를 위해 자리를 비워두는 것이죠. 성경을 예로 들면 어쩌면 엘리가 올 수도 있고, 어쩌면 아무나 올 수도 있습니다. 누군가가 여전히 도착할 수 있어야 하고, 도착하는 자가 있을 수 있어야 하며, 결과적으로 목차tables des matières가 됐든 공동체의 탁자table de la communauté가 됐든 table에는 절대적으로 미규정적인 누군가를 위한 빈자리, 도착하는 자를 위한 빈자리가 표시되어 있어야 합니다. 그를 메시아라고 부를 수도 있습니다만 메시아란 어려운 것이죠. 그리고 도래할 것을 위한 여지가 있는 바로 그 지점에서 텍스트는 이해 불가능해집니다. 담론에 어떤 빈구석이 있게 되는 것입니다. 비워냄에 대한 우리의 앞선 논의가 이와 연결될 수 있습니다.

하지만 그건 읽을거리를 주는 한 가지 방식이기도 합니다. 완전히 이해 가능한 무언가, 의미로 완전히 포화된 무언가를 줄 때 우리는 그걸 타자더러 읽으라고 주는 것이 아닙니다. 다른 이에게 읽을거리를 준다는 건 더 바랄 것이 있게끔 둔다는 것이고, 다른 이로 하여금 개입할 여지를, 고유한 해석을 쓸 수 있는 여지를 남겨둔다는 것입니다. 저의 텍스트 안에 다른 이의 서명이 기입될 수 있어야 합니다. 여기서 이해되고 싶지 않다는 욕망은 타자의 독해를 환대하는 것이지 타자를 거부하는 것이 아닙니다.

페라리스: 1954년에 당신은 『신앙과 지식』에서 헤겔이 칸트에게 가한 "전前 후설적"인 비난을 환기시킨 바 있습니다. 실재에 대한 현상적 체험이 곧 선험적 종합이기에 체험과 선험은 서로 맞서기는커녕 동일한 것임을 말이죠. 혹은 베르그손의 『물질과 기억』에서 "이미지"를 "흔적"이라는 말로 대체하면서 [*읽을 수 있겠습니다.] "모든 이미지는 어떤 이미지들에는 내적이고, 또 어떤 이미지들에는 외적이다. 그러나 이미지들의 전체에 대해서는 그것이 우리에게 내적이라고 말할 수도, 외적이라고 말할 수도 없다. 왜냐하면 내재성[과 외재성은]9 단지 이미지들 사이의 관계이기 때문이다. 따라서 우주가 우리 사유 속에서만 존재하는지, 아니면 우리 사유 밖에 존재하는지를 질문하는 것은 문제를 해결할 수 없는 용어들로 진술하는

9   편집자: 타자본에서는 누락됨.

것이다. 이 용어들 자체는 이해할 수 있다고 가정해도 그러하다."[10] 이런 식으로 경험적인 것과 초월적인 것은 서로 얽힙니다. 당신이 『그라마톨로지』에서 강조했던 관점에 따라 "미문inouïe"의 가능성이 개방됩니다. (미문인 것은 정확히 모든 이의 목전에 있기 때문입니다. 헤겔의 표현이죠. "미문"인 현재가 지니는 특권.) 그 가능성이란 규정된 존재적 흔적trace ontique déterminée으로서의 존재의 의미를 인식할 가능성입니다. 여기서 관건은 헤겔 변증법의 의미에서 모범적으로 변증법적인 이행들입니다. 절대 안에서의 동일성과 비동일성 사이의 동일성으로부터 순수 존재와 순수 무無 사이의 동일성으로 이행해가는 것이죠.

데리다: 자명하게도 변증법이란 길들여질 수 없는 것입니다. 변증법은 언제나 우리가 거기서 빼내려는 바로 그것을 포괄할 수 있습니다. 그래서 변증법은 언제나 절대적인 주인입니다. 하지만 우리가 거기서 빼내려는 무언가를 재전유하기 위한 변증법의 무한한 도정은 항상 다음과 같은 꼴을 취합니다. 변증법을 가능하게 하는 것, 변증법화될 수 없는 것이 바로 변증법의 본질이다.

---

[10] H. Bergson, *Matière et mémoire*, Paris, Alcan, 1896, p. 11[앙리 베르그손, 『물질과 기억』, 박종원 옮김, 아카넷, 2005, 51-52쪽].

당신은 초월적-변증법적이라는 쌍을 활용했습니다. 변증법의 과정을 가능하게 하는 것은 체계의 이질적 요소, 범주 전체를 초월하는 이 요소(모든 유類를 초월하는 것으로서의 초월자)입니다. 이 요소는 범주 표 내지 범주 계열보다 과다하거나 과소한 것입니다. 이 요소, 이 이질적 요소는 변증법보다 더 원본적인 것으로 변증법이 변증법화하는 바로 그것, 변증법이 제 안에 도입하여 포괄하는 바로 그것입니다. 그래서 변증법의 가장 변증적인 정식들, 우리가 헤겔에게서 일반적으로 발견하게 되는 이 정식들은 언제나 변증법적인 것이자 비변증법적인 것입니다. 비동일성과 동일성 간의 동일함이죠. 비변증법은 변증법에 대립하지 않습니다. 이런 모습이 줄곧 거듭됩니다. 저는 어떤 계열이나 집합 안에서 집합 안으로 통합되지 않는 무언가를 표시하기 위해서 노력을 기울여왔습니다. 결과적으로 이는 언제나 대립적인 변증법을 초월하는 비대립적인 차이가 존재함을 밝히는 일이 되었습니다. 변증법화되지 않는 대리 보충이, 파르마콘이 존재합니다. 여러 다른 예를 들어볼 수 있습니다. 자기 자신은 변증법적이지 않은 그것은 변증법을 불가능하게 만드는 것인 동시에 재개하는 것이며, 그렇게 재개된 변증법에 의해서 필연적으로 재포획되는 것입니다. 이때 우리는 변증법이란 다름 아니라 변증화되지 않는 것을 변증화하는 것으로 이루어져 있다는 사실을 승인해야만 합니다. 이런 변증법의 개념은 전통적인 개념과는 다른 것입니다. 전통적으로 변증법은 종합, 타협, 화해, 총체화, 자기 동일성으로 개념화되었습니다. 하지만 [*실은] 변증법이란 정반대로 부정적인 것이고 무한한 것입니다. 그것은 [*최종적인] 종합에 이르지 않는 종합화의 운동입니다. 예컨대 제가 탈전유ex-appropriation라고 부르는 것은 원리상 반反변증법적인 개념입니다. 그러나 그건 언제나 변증법의 최고의 경지인 것처럼 해석될 수 있죠.11

그렇기에 너무나도 변증법적인 첫 번째 책[*『발생의 문제』] 이후 저는 변증화할 수 없는 차이를 고집할 때마다 변증법과 맞설 수는 없다고 이야기했지요. 조심스럽긴 했지만 어쨌거나 이야기했습니다. 저는 절대로 변증법과 대립한 적이 없습니다. 변증법과의 대립이나 전쟁은 필패입니다. 변증법들의 변증성을 사유하는 일이 관건입니다. 이 변증성 자체는 근본적으로는 변증법적이지 않죠.

여기서의 변증법에 대한 논의는 대화dialegesthai, 대담, 이해 가능성, 정의 등에 대해서도 타당합니다. 하지만 근본적으로 관건은 변증법의 두 가지 개념, 두 가지 형상입니다. 하나는 전통적인 것으로 총체화, 화해, 부정성의 작업을 통과하는 재전유 등으로서의 변증법이죠. 그리고 제가 방금 이야기한 전

---

11 『후설 철학에서 발생의 문제Le problème de la genèse dans la philosophie de Husserl』, 1953-1991.

통적이지 않은 [*다른] 형상이 있습니다. 물론 이 두 형상의 사이에서 또 변증법이 재생산됩니다. 이 변증법이 변증화 불가능한 것과 변증화 가능한 것 사이의 변증법이죠. 변증화할 수 없는 것non-dialectisable의 부정성non 자체가 이분할됩니다. 이 부정은 대립에서의 부정으로도 사유될 수 있고, 환원 불가능성 및 이질성의 부정으로도 사유될 수 있습니다. 그러니까 변증화할 수 없는 것이란 변증적인 것이기도 하고 비변증적인 것이기도 합니다. 즉 그것은 대립물이 될 수 있는 것이기도 하지만 [*대립에 내적인 동질성을 아예 벗어나는] 이질적인 것이기도 합니다.

저의 관심사는 줄곧 이질성이었습니다. 이질성은 대립조차 않는 것ce qui ne s'oppose même pas이죠.

대립조차 않는 것, 이것은 변증법의 가장 광대한 대립의 힘을 가리킬 [수 있는 만큼] 가장 커다란 허약함을 가리킬 [수도 있습니다]. 대립하지 않을 수 없는 것ce qui ne peut pas ne pas s'opposer, 이것은 가장 강한 것이자 가장 약한 것입니다. 그리고 제가 보기에 변증법에 좀처럼 잡히지 않는 것은 약함의 이미지입니다. 종종 그렇습니다. 변증법을 실패시키는 것은 강한 것이 아니라 약한 것입니다. 법 권리는 변증법적이죠. 정의는 그렇지 않습니다. 정의란 약한 것이죠. (『법의 힘』[12]은 파스칼의 정의와

---

12 편집자: 타자본에서 데리다는 "벤야민에 관한 텍스트"라는 언급에 취

힘에 관한 문장에서 출발합니다.)

페라리스: 니체도 변증법을 그런 식으로 데카당스 및 약화와 연결 지었죠.

데리다: 니체는 최고의 약함이 최고의 힘이 되는 전환의 과정을 다른 이들보다 잘 알아보았습니다. 최고의 약함 — 철학, 기독교 — 이 최고의 힘을 이겨내리라는 것, 이 도착倒錯perversion이 부채 및 죄의식의 윤리이고 기원이라는 것, 이는 변증법적인 주장일까요? 니체가 변증법이란 약자의 승리라고, 그러나 동시에 그것은 힘의 표현이라고 말할 때 이는 변증법적 주장일까요 아닐까요? 저는 이 운동을 "변증법"이라고 부를 수 있는지 모르겠습니다. 당연히 니체는 이를 변증법이라고 부르기를 원하지 않았지요. 하지만 그렇게 말할 때 니체 자신이 변증법적인 것은 아닐까요?

소여donné는 변증화할 수 있는 걸까요? 만약 그게 당신이 제기한 물음의 의미라면 저는 그러하다고 믿습니다. 헤겔적 의미에서 말이죠. 변증은 거기서 출발합니다. 무언가가 직관 안에서 규정되려면 변증법의 자율적인 운동이 개시되어야 합니다. 그에 의해 이것과 지금-여기가 최초로 규정되며, 이는

소 선을 긋고 있다.

[*변증법의 자율적 운동의] 절대 억제·정지될 수 없는 시발始發입니다. 소여는 변증법적인 것입니다. 하지만 확실히 소여의 증여don du donné를 변증법에 선행하는 것, 변증법을 중단시키는 것으로 사유할 수도 있습니다. 『시간의 증여Donner le temps』에서 제가 증여에 대해 말하고자 했던 바가 이것, 즉 증여란 정확히 현전하지 않아야 한다는 것입니다. 그것이 절대로 주어질donné 수 없다는 의미에서 그렇습니다. 그것은 어떤 사람이 물건처럼 줄 수 있는 것이어서는 안 됩니다. 소여 안에서의 증여적인 것ce qu'il y a de don dans le donné, 그것은 소여가 아닙니다. 그런 의미로 이해된다면, 사유되거나 약속된다면 소여는 실로 변증화할 수 없는 것입니다. 그것은 경제에, 순환에 저항하는 것, 원환에 저항하는 것입니다. 증여라는 말로 무엇을 뜻하는지 말하고자 하는 즉시, 그것을 규정하고 그에 관해 논하고자 하는 즉시 우리는 변증법의 안에 있게 됩니다. 우리는 이를 언제나 증명할 수 있습니다. 하지만 여기서 관건은 [*현상으로서 확인되는] 사물이 아닌 어떤 사물을, 증여라는 명목 아래서는 인식될 수도, 현상으로 나타날 수도 없는 어떤 사물을 사유하는 데에 있습니다. 증여를 현상으로 드러내면 증여는 취소됩니다. 그러니까 현상성이란, 현상학이란 없습니다. 존재론은 없습니다. (증여는 선물présent이 아니고 현재적인 존재자 étant présent가 아닙니다.) 존재론과 현상학을 고장 냄으로써 증여는 변증법을 고장 냅니다. 이 증여는 철학에서 "소여"라고

불리는 것, 즉 현전하는 것이자 시간적·공간적 직관에 의해 내용·현상으로서 수용될 수 있는 것과는 아무런 관계가 없을 것입니다.

리조랑지스, 1993년 7월 17일.

III

또한 인간 종족은 타인의 생활을 캐묻기 좋아하지만 자기 생활을 개선하는 데는 게으릅니다. 왜 그들은 자신들이 어떤 존재인지를 주님으로부터 들으려 하지 않으면서 왜 내가 어떤 존재인가를 내게서 들으려 하고 있는지요? 그리고 그들은 내 입을 통해 나 자신에 관해서 들을 때 인간 내부에서 무슨 일이 일어나고 있는지를 인간의 정신만이 알고 아무도 모르는데, 내가 진실을 말하고 있는지 아닌지를 어떻게 알 수 있는가요?[1]

데리다: 니체가 저에게 정말 중요한 참조 지점이었고 [*지금도] 그러하다면, 이는 무엇보다도 [그가] 철학자들의 심리학psychologie을 수행한 사상가이기 [때문입니다]. 그걸 또렷이 느꼈던 때를 기억합니다. 위대한 철학들이 특정한 심리학에 속한다는 관념은 딜타이Dilthey나 그런 국지적 분과의 것

---

1 St. Augustin, *Les confessions*, trad. L. Moreau, Livre X, Paris, Gaume et Cie éditeurs, 1890, p. 246[아우구스티누스, 『고백록』, 김희보·강경애 옮김, 동서문화사, 2008].

이 아닙니다. 철학은 심리학이자 생애사입니다. 살아 있는 프시케의 운동이고 따라서 독특한 삶의 운동이자, 모든 철학소를, 진리의 모든 간지奸智를 짜 맞추는 삶의 전략의 운동이죠. 제 개인사 안에서 저는 줄곧 [*심리학이자 생애사로서의 철학이라는] 이 모티프에 매달렸고, 이를 줄곧 예컨대 후설적 유형의 모티프와 화해시켜야 했습니다. 후설에게는 심리주의에 대한 비판, 심리학적인 것과의 단절 같은 모티프가 있죠. [*그에게 심리학적인 것은] 학문의 기획 내지는 철학의 기획을 불가능하게 만드는 것, 또는 그런 기획과 어긋날 위험이 있는 것이었습니다. [*이에 따라] 심리주의 비판은 저에게 거대한 사무가 되었습니다. 저는 그걸 아주 진지하게 받아들였어요. 제게는 그것이 철학의 본질적 동력 [같은 것이었어요]. 그렇게 심리주의를 비판하는 논리 안에서, 후설의 사유 안에서 그런 후설적 모티프가 얼마나 저의 흥미를 끌었는지 기억합니다. (그걸 아주 오래전에 [*『목소리와 현상』에서] 개괄한 바 있죠.) 그 모티프란 요컨대 순수 초월적 현상학적 심리학과 자아의 초월적 순수 현상학 사이에 내실적 차이가 존재하지 않는다는, 그것들이 평행적이라는 주장입니다. 순수 현상학적 심리학과 구성적인 초월적 현상학은 내용상 동일합니다. 이는 순수 초월 심리학과 초월적 의식의 원영역Ur-region 사이에 차이가 없다는 생각이죠. [*물론] 모든 환원이 수행되고 나서도 전자는 여전히 프시케의 학문, 즉 세계의 한 영역, 세계가 구성되는 출발점이 되는 영역에 관한 학문으로 머물고, 그에 비해 후자는 세계 내적이지 않은 초월적 의식의 영역입니다. 그렇다고 하더라도 어쨌거나 내용상으로는 평행이나 일치가 존재합니다. 아무것rien도 이것들을 갈라놓지 않습니다. 이 아무것도 아닌 무언가rien에 관한 물음이 제게는 언제나 흥미로웠습니다. [*한편에는] 심리적인 것 및 정신분석적인 것이 [*있어서] 환원 불가능하고, [*다른 한편에는] 철학적 사유 내지는 철학에 관한 해체적 사유가 [*있어서] 심리적인 것의 독립성을 함축합니다. 저는 그 사이에 그어진 선 위에, 그 경계 위에 자리를 잡았습니다. 다소 편안하게, 다소 행복하게, 다소 불안하게 말이죠. 저로 말할 것 같으면 그 선상線上이 문제의 장소입니다. 그리고 당연한 소리지만 그곳은 서명, 심리학, 지적 자서전에 관한 물음이 제기되는 장소이기도 합니다. 사유하는 이는 누구인가? 서명하는 이는 누구인가? 이와 같은 사유 체험 안에서 독특성을 가지고서 무엇을 할 것인가.

[페라리스:] 1942년이죠. "지금의 프랑스, 프랑스 대학. 너는 내가 프랑스 대학을 [*대하는 방식이] 불경하고 부당하다고 비난해. (정산해볼 일이지. 내가 11살일 때 그들은 나를 학교에서 내쫓지 않았나? 알제리에 독일인이 발도 들이지 않았을 때? 내가 아직도 유일하게 이름을 기억하는 감독관이 나더러 자기 사무실로 오라고 했지. '꼬마야 집으로 돌아가렴. 네 부모님에게도 안내가 갈 거야.' 그때

나는 아무것도 이해하지 못했어. 아니 그때부터 [*아무것도 이해하지 못했다고 해야 할까]? 그들은 할 수만 있다면 나에게 또다시 학교를 금지시키지 않을까? 그렇기 때문에 나는 줄곧 거기 [*학교에] 자리 잡고 앉아서 그들이 그렇게 하게끔 도발하고, 나를 다시 한번 추방하게끔 언제나 극한에 이르는 가장 커다란 욕망을 불러일으키고 있는 것은 아닐까? 아니야. 나는 전혀 그렇게 생각하지 않아. 그러니까 그런 가설은 전혀 믿지 않아. 이 가설은 매력적이고 흥미롭고 손쉽지만, 가치가 없지. 너무 판에 박은 것이거든. 게다가 너는 알지. 내가 우니베르시타스의 파괴에 찬동하지도 않고, 수호자들이 사라져버렸으면 좋겠다고 생각하지도 않는다는 걸. 그들은 몽매함이, 특히 비속함이 거기 자리 잡을 때 전쟁을 할 필요가 있어. 그건 피할 수 없지 […].)"**2**

데리다: 당신이 각별하게 언급한 1942년이라는 시기가 제게는 어떤 단절의, 트라우마의 이름이 되었습니다. 무의식적 침전 같은 게 확실히 있었죠. 그런데 [*저는] 지성적인 면에서도 [*그에 의해] 규정되었습니다 — 동일하게 무의식적인 방식으로 말이죠. 알제Alger의 어린 유대인이었던 저는 학교에서 쫓겨났을 때, 이 반유대주의적인 순간에 지성적으로 [*특정하게] 규정되었던 것입니다 — [*그 반유대주의를 자행한 것은] 나

---

2 J. Derrida, *La carte postale: de Socrate à Freud et au-delà*, Paris, Flammarion, 1980, p. 97.

치가 아니라 프랑스였죠. 당시의 저로서는 1942년에 벌어진 일을 잘 이해하지 못했지만, 그래도 그랬습니다. 그다지 이해하지 못했다고는 해도, 지적인 사태 — 문화적 안건이나 언어라는 문제 등 — 에 대한 저의 관점은 바로 그 상처를 경유해서 의식적으로 또 무의식적으로 자리를 잡게 된 것입니다. 이미 지성적이라고 할 만한, 그리고 이데올로기적이기도 한, 의식적이지는 않은 어떤 설정이 만들어진 것이죠. 이를 출발점으로 삼으면 더 이상 생애사적인 것과 지성적인 것을 식별할 수 없게 됩니다. 비단 저의 경우에만 그런 게 아니고 누구든지 그렇습니다. 지성적이지 않은 생애사와 지성적인 생애사를, 의식과 무의식을 식별할 수 없게 되는 것이죠. 이 시퀀스들을 더 엄밀하고 섬세하게 기술하기 위해서는 새로운 범주들을 찾아야 합니다. 다소 구경거리 같은 일화들을 떠들어대는 데 그치지 않으려면 말이죠. 벌어졌던 그 일에 필적할 만큼 지극히 세공된 어떤 도구를 발명해야 합니다. 이 도구는 디에게시스적diégétique이고 현상학적이며 정신분석적입니다.

만약 제가 통용되는, 즉시 가용한 언어를 사용한다면 지성적인 것과 관련해 제가 뭘 말할 수 있을까요? 12살 무렵의 아이에게 반유대주의가 뭔지, 정치적으로 벌어지고 있는 일이 뭔지 아무도 설명해주지 않았어요. 그는 별안간 학교 입구에서 붙잡혀 감독관의 말을 듣게 된 것이죠. "집으로 돌아가렴, 부모님이 네게 설명해줄 거야." 학교라는 것의 상대적 안정성에 균열이 난 것입니다. 학교란 문화가 그 아이에게 도달하는 장소이고, 언어가 가르쳐지는 장소이며, 프랑스어의 지배적 범형이 교육되는 장소였죠.

제게는 프랑스어를 제외하면 모국어가 없습니다. 하지만 모호할지언정 무척 일찍부터 그 언어가 제 것이 아니라는 감각이 있었어요. 단지 제가 프랑스에 의해 식민화되기 전부터 알제리에 살고 있던 스페인계 유대 가족의 일원이기 때문에 그런 것만은 아니었습니다. 이미 학교에서 범형은 프랑스에, 심지어는 파리에 있다고 가르쳤던 탓이지요. 소규모 학급들에서조차 프랑스어는 그런 식 — 제대로 쓰고 제대로 말하기 위한 규범 및 참고 문헌들 — 으로 교육되었으며, 이는 지성적 생애사의 일부를 이룹니다. 그러니까 저의 유일한 언어인 그 언어가 다른 곳에서 온 것이라는 감각이 제게는 있었던 것입니다. 그리고 제가 학교로부터 쫓겨났을 때 이런 낯섦의 감각, 외부적이라는 감각, 귀속되지 않았다는 감각은 더욱 깊어졌습니다. 언어 안에서, 참조되는 문헌 안에서, 제대로 말하고 제대로 쓰기 위한 범형이 되는 문헌 안에서 이미 그랬던 것이죠. 이 폭력적 단절의 의미를 저는 이해하지 못했습니다. 거기에 반발하지도 않았지요. (제가 기억하는 한에선 그렇습니다. "집으로 돌아가라"는 말을 들은 날 저는 반발심이나 분개심을 갖지 않았습니다. 그저 이해하지 못한다는 느낌만 있었지요. 제 가족 중 누구도 무슨 일이었는지 설명해주지 않았기에 이 불가해함은 계속 남았습니다.)

그런 직후엔 다음과 같은 일이 벌어졌습니다. 제 부모님은 저를 알제의 유대인 학교에 등록시켰어요. 유대계 가족은 대개 그렇게 했죠. 그 학교에는 교직에서 쫓겨난 유대계 교사들이 제법 있었고, 프랑스 교육을 받기 위한 유대계 아이들이 있었지요. 마치 고등학교와 같았습니다.

이렇게 추방된 이후 연이은 몇 달간의 경험은 무척 불행한 것이었습니다. 저는 바깥에서 반유대주의를 실감하기 시작했습니다. 길거리에서, 친구 무리에서 말이죠. 친구들은 저를 더러운 유대인으로 취급했고, 더 이상 제게 말을 걸지 않았습니다. 역설적이게도 이렇게 귀속 없음의 감각이 유대 공동체와의, 그리고 저와 마찬가지로 유대계 학교에 모인 유대계 아이들과의 관계에 영향을 미쳤습니다. 저는 그 학교가 싫었어요. 부모님에게는 아무 언질 없이 몰래 저는 학교를 결석하곤 했어요. 제법 자주 그랬습니다. 말하자면 "땡땡이를 쳤어요." 저와 유대 공동체의 관계는 무척 부정적이었습니다. 바로 그 트라우마가 모호한 제스처의 바탕이었던 셈이죠. 저는 프랑스적인 문화, 프랑스 일반에도 귀속되지 않았지만 동시에 이를테면 유대적인 귀속도 거부했습니다. 제가 생각하기에 이 모호한 제스처는 그때 형성되어 영구적으로 남았습니다. 제 인상으로는 그 몇 달 동안 무언가가 만들어졌어요. 반유대주의적 폭력에 대한 제 반응은 "아니야, 나는 여기에도 저기에도 속하지 않아"라고 말하는 것이었습니다. 다소 거만하고 가장된 태도로 유대 공동체를 대한 것이죠. [*당시] 유대 공동체는 자신이 목도한 일 앞에서 꽁꽁 뭉쳐 스스로를 보호하려 했죠. 저는 유대계 학생들의 모임에는 전혀 속하고 싶지가 않았습니다.

지금 하고 있는 것처럼 저는 그 이중적인 태도를 논리적·합리적으로 설명하길 시도해볼 수도 있었을 것입니다. 자연스러운 일이죠. 그러나 [*그때] 벌어진 일들은 의식에서 너무 멀리 있었지요. 어쩌면 지금도 그럴지 모릅니다. 저는 또 귀속되지 않음을 자연스럽게 합리화하고 윤리적-정치적 의무로 변형시킬 수 있었을 것입니다. 귀속이란 곧 귀속되지 않음이라고, 귀속되지 않음의 바탕 위에서 충실성이 구축된다고 말이죠. 하지만 그 시절까지 거슬러 올라가는 상흔이 있는 것 같습니다. 『우편엽서La Carte postale』에서 이에 대한 논의를 모종의 방식으로 시도해본 적이 있습니다. 당신이 앞서 언급했죠. 그리고 『할례 고백Circonfession』에서도 예의 트라우마 이전에 제가 유치원에 입학했던 날 느낀 괴로움에 대해 정당한 방식이었든 아니었든 늘어놓았습니다. 그건 끔찍한 울음의 순간이었고, 고통은 실질적으로 점점 깊어질 뿐이었죠. 그러니까 유치원에 의해 가족이라는 환경으로부터 최초로 분리된 이 순간을 1942년의 내쫓음과 연결 짓고, 교육기관과 연관된 비극과 연결 지어야 합니다. 저는 언제나 학교에 있었지만 제대로 학교에 있었던 적은 사실 없었던 셈입니다. 저는 시험과 입시에서 낙제를 거듭했습니다. 프랑스 대학에서 저는 저항에 맞닥뜨렸고, 저를 주변화하려는 시도들을 만났습니다. 이는 프라하에서의 일까지 이어집니다. 프라하는 제가 감옥에 갇혔던 장소로, 그 기관은 금속으로 된 문짝을 문장으로 삼고 있었습니다. 학교든 감옥이든 그 문장은 귀속되지 않으려는 욕망을, 귀속의 강제성 등을 표시하는 것입니다.

[페라리스:] 1948-1949년. "철학 지망이 확고해졌다. '키르케고르와 하이데거'를 인상 깊게 읽었다."[3] 다른 데서 당신은 사르트르가 당신에게 불가결하되 불충분한 문제의식을 표상한다고 쓴 바 있습니다.[4] 지나치게 역사적-사회적이고 형이상학적인 문제의식을 표상한다고 말이죠.

데리다: 만약 제가 특정한 시기부터, 실존철학이라고 불리는 것을 좀 더 진지하게 읽기 시작한 때부터 그것과 거리를 두어야 한다고 생각했다고 해도 제가 실존 자체라는 관심사, 개인의 구체적 앙가주망이라는 관심사를 멀리한 건 아니었습니다. 실존적인 파토스pathos라는 관심사를 멀리한 것도 아니었지요. 그 파토스는 모종의 방식으로 근본적으로는 제 것으로 남

---

3 G. Bennington, *Jacques Derrida*, Paris, Seuil, 1991, p. 302.
4 J. Derrida, *Points de suspension*, Pairs, Galilée, 1992, p. 356.

았습니다. 사르트르, 마르셀 등 몇몇 프랑스 실존주의자의 후설 및 하이데거에 대한 독해를 비판적으로 숙고하면서 저는 거리를 두는 일이 꼭 필요하다고 생각하게 됐습니다. 하지만 실존적인 물음들이 품고 있던 관심사 특유의 스타일과 거리를 둔 것은 아니었습니다. 모종의 방식으로 저는 그런 윤리적-실존적 파토스가 없는 철학자에게는 그다지 관심을 쏟지 않았습니다. 무척 어렸을 적에 루소·니체·지드 등을 읽으면서 제가 품었던 욕망이나 태도는 저의 것인 채로 남았습니다.

저는 당신이 인용한 이들 중 키르케고르에게 가장 관심을 가졌고 가장 충실했습니다. 절대적 실존, 그가 부여하는 의미에서의 주관성, 개념·체계에 저항하는 실존, 이것들은 제가 무척이나 매달린 것들이고 생생하게 실감한 것들이죠. 바로 그런 명목으로 저는 움직여나갔습니다. 누군가는 이를 철학을 문학과 연관 짓는 한 가지 방식으로, 환원으로 해석할 수 있다고 생각할지도 모르지만 그것조차 근본적으로는 저런 제스처의 일부입니다. 제가 문학을 그 자체로 욕망할 만하다고 생각한 건 아닙니다. 하지만 제게 문학이란 언어와의 관계 안에서 체험 및 실존의 단독성을 표상하는 것입니다. 문학에서 저는 언제나 근본적으로는 자서전autobiographique에 흥미를 가졌습니다. 이는 "자서전 장르"에 대한 관심이 아닙니다. 그보다는 그런 "장르"를 다분히 초과하는 자서전성autobiographicité에 대한 관심이죠. 더군다나 자서전적 소설 대부분은 제게는 충분히 자서전적인 것처럼 보이지가 않습니다. 제가 겨냥하고자 한 것은 자서전의 내부에서 문학이라는 장르, 담화라는 장르를 초과하는 무언가이고, 그 극한에서는 아우토스autos[*자기]를 초과하는 무언가이죠. 저는 아우토스 안에서, 단독자의 실존적 체험 안에서 자기 자신과의 관계를 교란시키게 되는 무언가에 대해 묻기를 시도했습니다. 그 체험은 거의 형언할 수 없는 것이고, 최소한 번역 불가능한 것, 번역하기 어려운 것입니다. 저는 번역을 회피하거나 거부하는 무언가를 번역하게끔 부추기는 일을 계속 시도해왔던 것이나 다름없습니다.

근본적으로는 '비망록Mémoires'이 제가 흥미를 가졌던 모든 것의 일반적인 형식입니다. 이건 일반적으로 '회고록Mémoires' 이라고 불리는 무언가와는 다른 어떤 형식입니다. 모든 것을 보존하고자 하는, 모든 것을 제 고유어idiome 안에 모아들이고자 하는 미친 욕망이죠. 그리고 철학이란, 어쨌거나 학술적인 철학이란 제게는 항상 기억의 이 자서전적 도안에 종사해왔던 것입니다. 철학적 장르의 종별성을, 고유하게 철학적인 요구를 포기하겠다는 소리가 아닙니다. 오히려 철학적 책임을 가능한 한 멀리까지 밀고 나가면서도 그 책임이 하나의 책임인 한에서는 누군가의 책임임을 표시하려는 욕망이죠. 극단적으로 정식화하자면 누구라는 물음은 제게 언제나 중차대한 물음처럼 보인다고까지 말하고 싶습니다. 우리는 이를 생애사적이나 자서전적이라고, 혹은 실존적이라고 수식할 수 있습니다.

하지만 제게 키르케고르적·니체적·하이데거적 형식으로 중요한 것은 누구라는 물음의 형식입니다…. 누구지? 누구야? 언제나 가장 어려운 물음은 이것입니다. 누구를 무엇으로 환원할 수 없다는 불가능성, 누구와 무엇 사이에서 경계가 뒤흔들리는 장소 같은 것 말입니다.

나는 무엇인가라는 물음에 대한 답으로서의 코기토와 나는 누구인가라는 물음에 대한 답으로서의 코기토 사이에 차이가 있는 걸까요? 당연한 이야기지만 누구는 나·인격·주체를 의미하지 않습니다. 그건 그런 나·인격·주체·정신 같은 개념들의 역사를 의문시하고 해체하게끔 강제하는 자입니다. 누구라는 물음은 해체를 위한 근본적 지렛대입니다. 우리가 생애사·자서전·회고록 등을 사유하게 되는 범주들로 포섭되지 않는, 혹은 그 범주들을 전치시키는 누군가… 즉 서명에 관한 물음이죠.

[페라리스:] 1949-1950년, "'본토'로의 최초의 여행. 가타부타 할 것 없이 그냥 최초의 여행."[5]

데리다: 두 시기 사이의 대조가 있습니다. [*먼저] 여행이라곤 알제리 안에서조차 일절 해본 적이 없는 기나긴 어린 시절이 있습니다. 19살이 되도록 저는 알제에서 80킬로미터, 100킬

---

5   *Ibid.*, p. 302.

로미터 이상 떨어져본 적이 없습니다. 그러다가 그런 절대적 정주가 끝나자 여행이 끊이지 않고 거듭되었습니다. 하지만 이 여행은 모두 학술적 공간과 연결된 여행이었다는 공통점이 있습니다. 항상 그랬습니다. 저 스스로는 제가 여행을 즐기는 인간이 아니고, 정주의 취향을 가졌다는 사실을 알고 있습니다. 학술적인 만남과는 전혀 무관한 여행을 꿈꾸곤 했지만 저는 그렇게 하지는 못했습니다. 아니면 아주 드물게만 했죠….

페라리스: 그래도 1956년, 노르망디로 여행한 사진이 있죠.

데리다: 그렇습니다. 그것도 학술적인 여행이었어요. 저는 차를 가지고 노르망디로 여행을 갔는데, 그 차는 제 첫 차이자 고등사범학교 학생 중 첫 차였습니다. 당시엔 아무도 차를 가지고 있지 않았어요. 우린 그걸 둘이서 600프랑을 주고 샀습니다. 1930년 식의 오래된 차량이었어요. 그 노르망디 여행은 교수 자격시험 전날이었어요. 엄청 피곤했지요. 언제나 그렇듯 시험 전날엔 무척 불안해졌고 마음이 약해졌습니다. 웬 은행가가 지친 지식인들이 쓰도록 둔 집에 쉬러 갔죠. 그러니까 교수 자격시험 필기를 치기 전날 활력을 되찾으려고 갔다고 해야겠죠. 이 여행은 학술적인 상황 속에서 있었던 일입니다.

아주 멀리 여행을 다니기 시작했을 때조차도 저는 언제나 학교 안에 머물렀습니다. 외국에서도 저는 대학에 있었어요.

이건 의미심장한 일입니다. 저는 고등사범학교에서부터, 아니 우선 고등학교의 고등사범학교 입시 준비반에서부터 불편함이나 거북함을 느꼈고 거기 속하지 않는다는 느낌을 받았습니다. 그리고 대학[*에 준하는] 기관 모두에서도 그랬지요. 그럼에도 불구하고 저는 입시 준비반에서 배운, 고등사범학교에서 배운 행실의 표지를 지니고 있습니다. 그 표지를 저는 받아들이지요. 규율discipline, 저는 그 규율에 저항했습니다만 그럼에도 그 독해의 규율을, 면밀히 주의 깊게 독해하라는 요구의 범형들을 사랑하고 또 존중하라고 배웠습니다. 그 규율과 범형들이 제게 지니는 권위는 파괴되지 않았습니다. 제가 그걸 위반하고 의문에 붙이고 전치시키는 듯 보일 때에도 이는 언제나 그것들의 권위 아래에서 진행됩니다. 문헌학적 도덕을, 읽기나 쓰기의 윤리를 마주하여 책임져야 한다는 느낌이 있죠. 저는 문법상의 오류들을 싫어합니다. 도발적인 듯 보이곤 하는 자유로움을 누릴 때조차도 저는 규칙들을 알고 있다는 감각 속에서 그렇게 합니다. 그 감각이 정당화되든 정당화되지 않든 말이죠. 그건 위반되는 것이 무엇인지 알고 있는 위반의 감각입니다.

 저는 대학의 인간으로 머물렀습니다. 대학의 바깥으로 나오지 않았어요. 저는 알고 있습니다. 스스로가 대학으로부터 충분히 탈출하지 못했다고 생각한 순간들이 있는가 하면, 거기 머무는 게 좋다고 생각한 또 다른 순간들이 있습니다. 이중적이라고 생각될 법한 그런 태도를 저는 가지고 있습니다. [*한편에는] 해방·반항·반어가 있고, [*다른 한편에는] 더할 나위 없는 충실성이 있습니다. 그리고 스스로가 무엇으로부터 해방되는지 기억하고 있는 해방에서 저는 최고의 기분을 만끽합니다. 제가 한 모든 것에서 이런 점이 읽혔으면 합니다. 이건 학술적인 유산을, 전통을 존중하면서 존중하지 않는 그런 뒤섞임입니다. 저는 거기서 여행자의 심원한 정주성이라는 이중적인 법칙이 발견된다고 믿습니다.

[페라리스:] 1952-1953년. 고등사범학교죠.⁶

데리다: 1950년 초는 현상학이 이미 학술적 적통이 되어가던 때죠. 메를로퐁티 덕분이었습니다. 하지만 대학에서는 후설을 별로 읽지 않았습니다. 현상학은 프랑스에 수용되었지만 학문에 대해서는 외재적인, 학문으로서는 그다지 익숙하지 않은 기제dispositif로 수용되었습니다. 지각의 현상학, 인류학, 사르트르의 존재론 같은 것 말이죠. 하지만 인식론적인 물음들, 학문의 역사 및 수학적 이념성에 대한 성찰들은 근본적으로는 그다지 고려되지 않았습니다. 제가 기억하기론 고등사범학교의 어린 학생이었던 저는 맑스적이면서도 인식론적인 이 열

---

6   *Ibid.*

광에 민감했습니다. 메를로퐁티를 다루고 『이념들 II』를 다루는 푸코의 강의가 있었죠. 후설을 읽으면서 저는 프랑스 안에서는 널리 수용되지 않았던 후설의 면모로 되돌아가야 한다고 생각했습니다. 즉 학문에 관한 물음, 학적 판단의 층위에 관한 물음, 역사에 관한 물음으로 말이죠. 이는 모두 현상학을 변증법적 유물론[과] 절합시키려는 트랑 둑 타오Tran Duc Thao의 시도와 연결되어 있었죠. 제가 후설을 다루는 작업에서 발생적 구성, 즉 수학적 대상의 발생, 객관성 및 학문의 발생에 관한 작업을 중시하기로 선택한 것은 이 때문이죠. 바로 이 지점에서, 역사의 재구성이라는 맥락에서 사르트르적이거나 메를로퐁티적인 현상학 전통과 [*저의 작업 사이에] 간극이 있게 됩니다.

뻔한 이야기지만 그 집안[*고등사범학교]에는 당시 교육에는 거의 참여하지 않았지만 맑스주의자로 정평이 났던 알튀세르가 있었고, 메를로퐁티·골드슈타인·실어증·병리학·환상지 등에 대한 강의를 하던 푸코가 있었습니다. 이런 사실은, 이 전부는 제가 현상학에 흥미를 가지게 되는 방식에 모종의 역할을 했습니다. 당시 우리는 이제는 더 이상 언급되지 않는 마샬 게루Martial Guéroult를 무척이나 존경했다는 걸 말해야 하겠죠. 게루는 정말이지 꼼꼼한 철학사가로, 예컨대 데카르트에게서 근거들의 질서를 재구성하는 일처럼 내적 논리를 재구성하는 데 집중했습니다. [*그는] 데카르트적인 소설roman cartésien을 나름의 방식으로, 생애사를 도외시한 채 구조적으로 독해함으로써 이유들의 사슬의 모든 걸음을 하나하나 재구성하려고 시도했습니다. 그건 당시 우리의 모범이었습니다. 게루가 읽듯 읽어야 할 필요가 있었습니다. 저 자신이 지금도 그렇게 해야 한다고 생각하는지 확신은 못하겠습니다만, 당시에는 그렇게 어떤 체계의 내적 연쇄를 재구성하는 식의 독해가 모범이었습니다. 그러니까 게루식 철학사라는 지극히 프랑스적인 철학의 모범이 있었던 것입니다. 그리고 사르트르나 메를로퐁티의 관할에서 벗어나기 시작한 후설이 있었죠.

프랑스 바깥으로의 저의 최초의 여행은 이런 맥락 안에서 이뤄진 것입니다. 저는 루뱅Louvain에 가서 시간에 관한 후설의 미간행 원고를 열람했어요. 에고ego의 발생적 구성이 제게 중요했거든요. 저는 이때 처음으로 국경을 넘었습니다. 이것이 제 생애 내내 있게 될 철학적 여행들 중 최초의 것이었습니다.

페라리스: "그러니까 나는 a라는 글자에 대해서, 그 첫 번째 글자에 대해서 말하고자 하는 것이다. 이 글자는 여기저기서 차이라는 용어를 글écriture로 쓸 때 도입되어야 할 것처럼 보였다. 에크리튀르에 대한 글을 쓰는 중에, 에크리튀르의 안에서 글이 쓰이는 중에 도입되어야 할 것처럼 보였던 것이다. 이 에크리튀르가 지닌 다채로운 도정 전체가 어떤 정서법상의

큰 과오로, 글쓰기écriture를 규제하는 정통성의 위반으로, 글을 규제하고 제 격식을 부과하는 법칙의 위반으로 통하는 상황에 처했다. 어느 정도 분명하게 그랬다."7

데리다: 텍스트의 작동에 대한, 저자는 도외시한 철학소들의 논리에 대한 존중이 존재합니다. 철학소들의 어떤 체계적 설비 안에서 가능한 한 가장 견고한 일관성을 재구성하고자 하는 마음, 형식적인 작동에 관한 주의가 존재하죠. (그런 명제에 찬동하는지의 여부가 관건이 아닙니다. 관건은 그게 어떻게 작동하는지 보는 것이죠.) 그런데 동시에 문자·문면에 대한 주의가 있습니다. 이건 텍스트를 가로지르는 숨결에 대한, 텍스트가 말하고자 하는 바에 대한 주의가 아닙니다. 텍스트의 문면상의 작동에 대한 주의죠. 제가 이 주제에 관해 제기하는 물음들이 무엇이든 간에 그런 모범은 제게 커다란 권위를 지니고 있었습니다. 제가 그걸 논박하는 특정한 순간에조차 말이죠. 저의 논박은 그런 제스처에 큰 가치를 부여하는 자의 논박입니다. 구조주의에 대한 저의 공감은 여기서 비롯됩니다. 당신이 알고 있듯이 제가 거기에 의문을 품고 동의하지 않는 면이 있음에도 불구하고 말입니다. 하지만 기본적으로 저는 하나의 텍스트, 문화, 체계, 짜임을 읽어내는 데에 언제나 필요하고 적

---

7   J. Derrida, *Marges de la philosophie*, Paris, Éditions de Minuit, 1993, p. 3.

법해 보이는 무언가를 무척 존중합니다.

그런 종류의 규율이 제게 부과되어 있었습니다. 물음들, 비판들, 해체들이야 어떻든지 간에 저는 확실히 그걸 준수했지요. 고등사범학교 입시를 준비하면서, 그리고 고등사범학교 재학 중이던 시절에는 그랬습니다. 이후에 사태는 복잡해졌습니다. 하지만 이는, 이미 특정한 문법이 주어져 있고 우리의 대응은 그 뒤에 있는 식이었지요.

페라리스: 1967년은 『목소리와 현상』, 『글쓰기와 차이』, 『그라마톨로지』, 1972년은 『산종La dissémination』, 『철학의 여백들Marges — de la philosophie』, 『입장들』의 차례가 됩니다. 이 두 번의 삼부작 사이에 최소한 형식적으로는 불연속성이 보입니다.

데리다: 출간 순서를 보면 1972년에 출간된 텍스트들은 1967년에 출간된 텍스트들과 상대적으로 이질적이게 보입니다. 그럼에도 그것들은 아주 연속된 작업들입니다. 비유가 필요하다면 지진에 대해서 말하겠습니다. 지진의 순간은 보이지 않는 미시적인 움직임들에 의해서 오래도록 준비되는 것입니다. 우리의 관점에서는, 그러다가 특정한 순간에, 지구의 요동이라고 불리는 것이 생깁니다. 하지만 지구의 질서의 관점에서 보면 지진은 아무것도 아니죠. [*『산종』에 실린]「플라톤의

약국」은 1968-1969년에 작성되었습니다. 『그라마톨로지』의 이듬해에 작성된 셈인데, 이건 『그라마톨로지』에서의 파르마콘에 관한 주해를 발전시킨 것에 불과합니다. 만약 누군가가 그런 [*연속성을 찾는] 데서 즐거움을 느꼈다면 제 글은 모두 문면상에서는 10년에서 20년 정도 전부터 정확하게 고지되어 있었음을 알아차렸을 겁니다. 1960년대 초부터 제가 출간이란 걸 시작했을 때, 후설에 관한 그 텍스트[*『발생의 문제』]를 쓴 지 이미 10년이 흘렀었지요. 제가 출간한 모든 책 안에는 항상 제가 그에 관해 말하고자 한다는 사실을 알리는 시금석이 있습니다. 아주 이르게부터, 10년이나 20년은 앞질러 말이죠. 제게는 연속성의 감각이, 심지어 부동성 같은 감각이 있습니다. 제자리에서만 움직이고 있다는 감각이죠. 1953년의 학위논문에서 에크리튀르라는 물음이 이미 고지되고 있습니다.

이렇게 제자리에서만 움직이고 있다고 해서 놀랄 것이 없다는 건 아닙니다. [*뭔가 벌어지기] 일보 직전이라는 감각 역시 있습니다…*

[페라리스:] "1966년, 우리 둘[*데리다와 이폴리트] 모두 참여한 미국에서의 콜로키엄 중에 있었던 일입니다. 저의 발표에 우

---

* 원문의 "Cette mobilité sur place de n'empêche pas"는 "Cette mobilité sur place ne m'empêche pas"로 새겨야 할 것으로 보인다.

정 어린 몇 마디를 한 뒤 장 이폴리트가 다음과 같이 덧붙였습니다. '그건 그렇고, 저는 당신이 어디로 가려는지 잘 모르겠습니다.' 저는 아마 다음과 같이 대답했던 것 같습니다. '만약 제가 제가 어디로 가고 있는지 앞질러 뻔히 보았다면 저는 그쪽으로는 한 발짝도 내딛지 않았을 것입니다.'"[8]

데리다: 탐험의 섞갈림 같은 게 존재합니다. 내가 어디로 가는지 모르겠다는 감각이 있는가 하면 동시에 방향감각이 되살아나기도 합니다. 나는 어쨌거나 그리 가게 될 것임을 안다. 제가 뭔가를 글로 쓸 때마다 저는 개시한다는 인상을 받습니다. 게다가 직조물texture 안의 동일자는 독특성에, 즉 타자의 독특성(다른 텍스트, 누군가 다른 사람, 언어의 다른 단어)에 끊임없이 노출되고 있죠. 모든 것이 새로이 나타납니다. [*'새로이'는] 새로움과 반복을 모두 함축합니다. 제게 끊임없이 반복되는 것은 놀라움입니다. 제가 아직 하지 않은 것, 아직 무결하고 무구한 채로 남은 것 앞에서의 놀라움이죠. 제가 뭘 쓰기 시작하든지 간에, 그게 별것 아닌 소고小考라고 해도 저는 언제나 같은 느낌을 받습니다. 말해졌던 바에 의거하지 말아야 한다는, 모든 것을 다시 시작해야 한다는 불안감이죠. 뭔가가 이루어질 때 저는 근본적으로는 그것이 항상 달라지는 여러 가지를 다스리는

---

[8] J. Derrida, *Du droit à la philosophie*, Paris, Galilée, 1990, p. 442.

동일한 법칙에 따라 펼쳐진다는 것을 분명히 인지하고 있습니다. 근본적으로 저는 무언가를 쓸 때 스스로에게 질리는 법이 없습니다. 이걸 천진이나 거만, 무자각이나 망각 등의 탓으로 돌릴 수도 있겠지만 어쨌거나 그래요. 스스로에게 질리지 않는 인간이 언제나 같은 것만을 반복한다고 생각한다면 그건 문제가 있습니다. 저는 단지 철학·문학·사건·서명에 대한 저의 논의가 언제나 갱신되고 있는 이 독특성과의 만남과 어우러지기를 바랄 뿐입니다. 저는 모든 타자가 전적으로 다르다tout autre est tout autre는 것을 사유하기 위해 노력했습니다. 제게는 중요한 일이었던 교육의 경험으로 국한하자면 제가 읽고 또 읽는 텍스트들은 제게 언제나 전적으로 새로웠어요. 하이데거를 가르치던 때에 저는 제가 『존재와 시간』을 처음 읽는 게 아닌가 하는 느낌을 가졌습니다. 정말 그랬어요. 그리고 하이데거에 대해 타당한 것이 플라톤, 칸트, 그 누구에 대해서도 타당합니다. 제가 가르치는 방식으로 인해 몇몇 학생은 저를 의심하고 거부하는 반응을 보였고 또 많은 학생은 정반대로 열렬한 충실성 — 이렇게 말하지 않을 건 또 뭡니까 — 을 보였습니다. 이는 우리가 방금까지 이야기한 규율을 제가 결코 포기하지 않았다는 사실과 연관됩니다. 저는 언제나 규율에 입각해서, 그 규율에 대한 존중을 전승시키기 위해 노력하면서 가르쳤어요. 인내심을 가지고 천천히 텍스트들을 주의 깊게 읽고 원문 및 문면을 참조하게끔 말이죠. 요컨대 교육의 고전적 덕목들 — 그게 그다지 널리 퍼지진 않았다고 해도 — 을, 정전이 되는 텍스트들을 존경하게끔 말이죠.

이 존경은 바로 그것을 논박하려는 듯한 분위기의 무언가와 함께 동거합니다. 정말 그래요. 즉 광기, 자유 같은 것과 동거하는 것이죠. 이런 초자아스러운 독해, 세밀하고 참을성 있는 독해는 다소 바로크적인 느낌으로, 도발적인 느낌으로 연출됩니다. 그렇죠. 하지만 저의 여행은 그런 규칙들과 함께했어요. 언제나 저를 가장 깊이 건드렸던 증언은 이런 것이었죠. 웬 학생이 제게 이렇게 말한 적이 있습니다. "뭐랄까요, 덕분에 저는 작업할 의욕을 가지게 됐습니다. 제가 더 이상은 쓰고 싶지 않았던 바로 그 지점에서 쓰고 싶어졌어요. 저는 고전들을 그것들이 저를 질리게 만들기 시작한 바로 그 지점에서 읽고 싶어졌습니다."

[페라리스:] 1968년 "J. D.는 68운동의 특정한 측면에 대해 후퇴해 있는 것처럼, 유보적인 것처럼 보였다." 1974년 "철학 교육 연구 집단Groupe de recherches sur l'enseignement philosophique(그레프Greph) 창립을 위한 선언을 작성, 이듬해 친구, 동료, 학생과 함께 이를 창립." 1979년 "다른 이들과 함께 철학 총회를 발기." 1980년 "소르본에서 국가 박사 학위 심사를 받음." 1981년 "베르낭 및 몇몇 친구와 함께 얀 후스 협회를 창설. […] 같은 해에 불법 세미나를 하러 프라하를 방문. 며칠간 이어진 세미나

끝에 소환되고 결국 공항에서 체포됨. 가방에서 갈색 가루가 발견됐다는 경찰의 농간, '마약 생산 및 밀거래' 혐의로 투옥됨." 1983년 "국제철학학교 창설. [⋯] 사회과학고등연구원에 선임됨(연구 지도: 철학적 기관들)."⁹

데리다: 그렇게 시퀀스를 조망하니 한편으로는 제가 작업해 나감에 따라 이론적 방식으로나 실천적 참여의 방식으로나 제도[*기관]에* 관한 물음을 점점 더 많이 제기했다는 인상이 듭니다. 저는 그런 인상이 정당하다고 생각합니다. 물음들은 오래전부터 있었던 전제들(『그라마톨로지』에서 이미 해체를 기관의 장치들에 관한 물음과 연결 지었던 모든 것)에 따라 제기되었죠. 제 삶과 실천에서, 그리고 기관에 참가inscription하는 경우에 이 논리는 점점 더 유효한 것이 되었죠. 한편으로 이것은 제가 기존의 제도[*기관]와 점진적으로 멀어지는 형태를 취하기도 했지만(저는 1968년 이후 박사 학위논문의 작성을 포기했고, 1975년 다른 이들과 그레프를 창설하면서 기존의 철학적 기관과 점점 더 많이, 확고하게 대립하게 되었습니다) 동시에 철학적 기관이 작업의 주

---

9   G. Bennington, *Jacques Derrida*, *cit.*, pp. 305-307.
*   지금 데리다가 말하는 institution에 꼭 들어맞는 번역어는 없다. 그것은 제도를 뜻하기도 하고 제도에 의해 수립된 기관을 뜻하기도 한다. 여기서는 대체로 기관이라고 번역하나 이따금 제도[*기관]이라고 병기한다. 기관이라고 번역되어 있을 때도 제도를 함께 떠올리면 읽는 데 도움이 된다.

제가 되기도 했습니다. 그 논리는 제가 "철학적 기관"을 연구 지도의 명칭으로 제안했다는 사실과 연결됩니다. 내적 논리를 갖추고 있는 이 운동은 프랑스의 사회적-정치적 긴급함에, 그 조건들에 응답하는 형태이기도 했습니다. 예컨대 그레프에는 내적 논리가 있었습니다. [*그런데 그것은] '지금 여기'의 아주 특정된 정세에 대한 응답이기도 했습니다. "[*르네] 아비HABY" 개혁 기획은 고등학교에서의 철학 교육을 실질적으로 무화시킬 위험이 있었습니다. 그리고 중등교원 시험의 심사와 관련된 추문은 제가 스스로에게 쓴 편지에서 출발해서 그레프를 설립하는 데 사실상의 기원이 됐습니다.

이런 자생의 역사가 있습니다.[10] 1968년, 제 마음에 걸렸던 건 외관상의 자생성이 아니었습니다. 저는 그걸 믿지 않았어요. 그보다는 자생주의적인 정치 언사, 투명성에 대한 호소, 중계도 지연도 없는 소통에 대한 호소, 모든 부류의 장치appareil, 당, 조합으로부터의 해방 등이 마음에 걸렸습니다. 제가 표시한 이 모든 것에 대한 불신은 철학적·비의적·공산주의적 입장에도 상응하고 [또한] 『무엇을 할 것인가?』에서의 레닌의 자생주의 비난에도 상응합니다. 정치의 영역에서 자생주의는 노동자주의, 궁핍화론과 마찬가지로 의심스럽게 여겨야

---

[10] 편집자: 타자본의 여백에 데리다는 마치 이런 정식화를 의심하기라도 하듯이 "정말?"이라고 써놓았다.

할 무언가처럼 보였습니다. 저는 이 주제가 아무리 단순하다 한들 그걸 잘 알고 있다고는 말하지 않으려 합니다. 제가 자생주의를 미심쩍게 여겼다는 것을 오늘날 저는 반복해서 말합니다. 하지만 자생주의적 담론은 제가 매달리는 무언가를 표현할 수 있습니다. 즉 장치들에 대한 불신을 표현할 수 있죠. 그래서 저는 자생주의에 대한 이 비판을 정식화할 때에 더 조심스레 굴 것임을 반복해서 말합니다. 저는 자생적이지 않으면서도 조합과 당의 조직 논리에는 종속되지 않는 무언가가 있음을 믿습니다.

1968년에 제가 가졌던 인상이란 혁명을 촉발하고 권력을 찬탈하려던 그 제스처가 비현실적irréaliste이라는 것이었습니다. 노동자 계층의 것이라기보다 학생의 것이었던 그 제스처는 위험한 사태들로 이어질 수 있었죠. 실제로 두 달 뒤 의원 선거에서 프랑스는 역사상 가장 우파적이게 되었죠. 그게 바로 직전 의회의 상황입니다. 전략은 가능한 최선의 것이 아니었습니다. 동시에 당과 조합의 강령으로부터 해방되어야 할 필요도 있었지요. 그리고 저는 "68"을 거절하지 않았습니다. 저는 거리의 행렬에 있었어요. 저는 고등사범학교의 첫 번째 총회의 기획자였습니다. 하지만 옳든 그르든 저의 마음은 바리케이드의 곁에 있지 않았습니다.

최근 전혀 다른 맥락에서 레닌의 텍스트들을 읽으면서 저는 자생주의에 대한 그 비판을 재발견했습니다. 저는 이 주제와 관련해서 확고합니다. [*저의 논의에서] 추상적이고 일반적인 방식으로 정식화되어 그대로 유지된 것은 기관들에 대한 비판이라고 할 만한 것입니다. 이 비판은 제도[*기관] 없는 야생·자생의 유토피아에서 출발하는 것이 아닙니다. 그것은 반反기관들에서 출발하는 것이죠. 저는 반기관적인 것이 존재한다거나 존재해야 한다고는 생각하지 않습니다. 줄곧 저는 기관들을 비판하는 동시에, 끝나지 않는 과정 속에서 그 기관들을 대체할 또 다른 기관을 꿈꾸곤 했습니다. 자생적이지도 야생적이지도 직접적이지도 않은 반기관의 이념은 어떤 면에서는 저를 가장 끈질기게 이끈 모티프입니다. 제가 예컨대 『철학에의 권리에 관하여Du droit à la philosophie』에서 해명하고자 했던 바는 철학적인 것이 그 자체로는 메타기관적이지 않지만 그럼에도 아주 역설적인 하나의 기관이라는 것이었습니다. 이 기관의 공간은 상호 계약contrat symétrique 없이 마련되어야 하는 것입니다. 이 기관의 안에서는 기관의 기관스러움에 대한 사유가 개방된 채로 머물러야 하고 장래를 지녀야 합니다. 당연한 이야기지만 기관에 관한 물음의 해체는 기관화[*제도화]될 수 없는 것이라고 혹자는 말할 것입니다. 하지만 그것은 기관스러움으로 전혀 물들지 않은 어떤 공간에 속하는 것도 아닙니다. 근래 몇 년 내내 저를 이끈 것은 아마 이 논리일 것입니다. 근래 저는 다른 이들과 함께 기관들에 맞서 전쟁을 벌였습니다. 하지만 이는 다른 기관을 창립하고자 하는 시도였지요. 그레프가 있었고, 철학 총회가 있었으며, 철학 국제 학교가 있었습니다. 이것들은 반기관이었죠. 반기관성과 관련해 독창적이고 역설적인 이상들이 있었습니다(저는 현실에 대해서 말하는 것이 아닙니다).

저는 프라하에서의 일이 동일한 논리에 속한다고도 생각합니다. 얀 후스 협회, 제가 그걸 참관하러 갔고 투옥되었다는 사실 등이 말이죠. 저항자들은 그들의 철학적 작업을 속행할 수 있게끔 돕는 협회를 만들었습니다. [*체코의] 77 헌장의 서명자들이 꼭 반헌정적 인사는 아니었다 해도 말이죠. 헌장은 이렇게 말하고 있습니다. 우리는 헌법을 존중하는 데 찬성한다. 현재 법적인 형태를 취하고 있는 억압은 헌법을 존중하지 않고 있다. 얀 후스 협회는 이렇게 스스로에게 한계들을 부과하고 있었던 셈입니다. 우리는 프라하에서 혁명을 하려 들지 않는다. 우리는 정권을 뒤집으려 들지 않는다. 우리는 철학적 작업을 속행하기를 원하는 이들을 돕고자 한다. 헌법의 존중을 헌장으로 삼은 지식인들과 작가들을 돕고자 한다.

[페라리스:] 『우편엽서』에서 당신은 레지스탕스와 관련된 꿈에 대해서 이야기한 적이 있습니다.

데리다: 저와 같은 세대의 프랑스인이라면 많이들 그러리라고 생각하는데, 저의 영웅적 환상은 자연스럽게 레지스탕

스 시기 쪽으로 향하곤 합니다. 그걸 잘 알지도 못하면서 말이죠. 저는 그때 충분히 나이가 차지도 않았고 프랑스에 있지도 않았습니다. 무척 어렸을 때, 그리고 비교적 최근까지도 저는 밤중에 철로에 폭탄을 설치하는 누군가에 관한 영화를 [*마음속으로] 상영하곤 했습니다. 적의 구조[*물]를 폭발시키고 "지연"[11] 장치를 설치하여 폭발을 바라보는 누군가를 말이죠. 이건 심원한 환상을 옮겨놓은 이미지입니다. 저는 여기서 어떻게 해체적인 실행을 통해서 그걸 도시圖示할 수 있는지 보게 됩니다. [*해체의] 실행은 지연 장치와 함께 폭탄을 조심스레 놓아두는 것으로 이루어집니다. 이 폭탄은 통로voie de passage를 일순간에 못 쓰게 만들어버리죠. 우리는 더 이상 그리로 아무렇지 않게 지나갈 수 없게 됩니다.

[페라리스:] "로고스 중심적인 담론을 뒤흔드는 『목소리와 현상』 안에서는 어떤 문장도 허투루 마무리되지 않는다. 후설의 신중한 제스처 및 하이데거의 광활한 움직임에 대한 극도의 주의 깊음 속에는 현상학 학파에서 배운 경이로운 엄밀함이 초지일관하게 완벽한 기교로 수행된다. '한계 관념'이 선결적인 것으로, 결함이 원천적인 것으로, 심연이 조건으로, 담론

---

[11] 편집자: 여기서 데리다는 시차를 두고 폭탄을 터뜨리기 위한 장치 같은 걸 기술하는 것처럼 보인다.

이 장소로 되돌려지며, 바로 이 되돌려짐 자체가 운명으로 되돌려진다. 그 존재적 울림을 걸러낸 개념들, 참과 거짓이라는 이항 대립을 넘어선 개념들. 출발할 때는 모든 것이 제자리에 있다. 몇 쪽, 아니 몇 줄이 지나면, 가공할 만한 의문의 결과로 사유에 평안한 것이라곤 더 이상 아무것도 없다. 바로 여기, 명제들로 이뤄진 철학적 사정거리의 바깥에 순수하게 문학적인 효과가 있다. 새로운 전율, 데리다의 시학. 나는 이 저작을 읽을 때마다 항상 1940년의 엑소더스를 다시 본다."[12]

데리다: 사무엘 웨버Samuel Weber라는 친구가 몇 주 전 저더러 웬 글을 하나를 좀 보라고 한 적이 있습니다. 그가 말했죠. "이 글 좀 성가시지 않아? 뭐 때문에 이때 널 규탄한 거야? 네가 마치 적군 같잖아." 저는 그때 [*아군인] 레비나스의 이 글을 다시 읽었죠. 관대한 텍스트입니다. 하지만 더 이상 아무것도 남아 있지 않다니…. 그의 말을 보면, 그건 제가 무슨 독일군처럼 진군한 것 같아요. 기이하죠. 저는 그런 식의 관점에는 주목해본 적이 없습니다. 이 이미지의 무의식은 뭘까요? 그리고 침략자 나치는….

페라리스: 1979년까지 당신은 사진에 저항했습니다. "당신

[12] E. Levinas, *Noms propres*, Montpellier, Fata Morgana, 1976, p. 82.

들은 내가 그렇게 고통스럽게 또 그렇게 즐겁게 쓰고자 한다고 생각하는가. 내가 다소간 열에 들뜬 손으로 앞으로 전진하고, 나의 기대를 옮기고, 그에게 지하 통로를 열어주고, 그 자신으로부터 멀리 밀어 넣고, 그에게서 그의 자취를 요약하고 변형시키는 돌출부를 찾아낼 수 있는 그리고 내가 길을 잃고 결국 다시는 더 이상 만나지 못할 두 눈에 나타날 수 있는 미로를 준비하지 못한다면 뒤도 돌아보지 않은 채 그에 집착하리라 믿는가. 한 사람 이상이, 의심할 바 없이 나처럼, 더 이상 얼굴을 가지지 않기 위해서 쓴다."[13]

데리다: 그렇게 사진을 거부한 데는 여러 동기가 어우러져 있었습니다. 이 거부는 무척 오래 지속됐지요. 그 동기 중 심원한 하나는 아마 이미지에 대한 불편함, 에크리튀르 안에서의 얼굴의 엄폐와 연관된 것입니다. 저의 얼굴과 관련해서 제가 줄곧 가지고 있는 문제죠. 달리 설명하자면 그건 문화 시장에서의 흥행을 위해 조직화된 규칙들에 대한 저항이기도 했습니다. 저는 이런 설명으로 스스로를 정당화했고 또 정치적으로 합리화했습니다. 저자들의 사진은 아주 전형적이지요. 교수나 작가는 책을 배경으로 놓습니다. 저는 그런 시장

---

[13] M. Foucault, *L'archéologie du savoir*, Paris, Gallimard, 1969, p. 28[미셸 푸코, 『지식의 고고학』, 이정우 옮김, 민음사, 2000, 40-41쪽].

과 가능한 한 거리를 두고 싶었습니다. 그건 사진이라는 예술에 대한 반대가 아니었어요. 그건 문화 시장에 대한 반발이었고, 시장이 저자의 이미지들을 가지고 했던 짓에 대한 반발이었습니다. 저에 대한 『라르크L'Arc』지의 특집호가 기획됐을 때 저는 사진 찍히기를 원하지 않는다고 말했어요. 그래서 기획 자체가 좌초될 뻔했습니다. 결국 그들은 받아들였고, 에셔Escher의 도마뱀 그림을 표지로 삼았어요. 아주 잘 팔렸죠. 하지만 문제가 크긴 했습니다. 그건 흡사 전쟁이었어요. 저는 시장에 맞서 저항해야 한다는 사실을 알게 됐을 뿐만 아니라 제가 저자라는 주제에 대해 썼던 내용이 저자의 이미지와 특히 호환 불가능하다는 걸 알게 됐어요. 저는 저자가 나타나서는 안 된다는 것을 알게 됐습니다. 그건 황당하고 세속적인 짓이었고, 제가 쓴 내용과 들어맞지 않는 짓이었습니다. 제가 [*제 이미지를 유통시키는 데에] 굴복했을 때 저는 좀 비양심적으로 그랬던 것입니다. 오늘날조차 그게 가능하지 않기 때문에, 너무 늦어버렸기 때문에 저는 더 이상 거기에 저항하지 않는데, 그래도 그건 비양심적인 일이죠. 저는 그걸 실패처럼 느낍니다. 이건 철학 총회와 더불어 시작됐던 것이죠. 이걸 막을 수가 없었습니다.

  1980년대 초부터 사진이라는 물음은 텔레비전에 비하면 상대적으로 부차적이게 됐습니다. 텔레비전에 나올지 말지 선택하는 일이 사진이라는 물음의 뒤를 이었습니다. 여태까지 저는 그걸 결정하는 규칙에 충실할 수 있었습니다. 두 번인가 세 번인가밖에 없었던 일이지만 책 홍보가 이유가 아닐 때에만 그렇게 했죠. 체코슬로바키아에서 돌아왔을 때 기차에서 인터뷰를 했습니다. 혹은 철학 국제 학교가 창설됐을 때…. 하지만 지금까지 저는 텔레비전의 문화[*교양] 프로그램이나 문학 프로그램에 출연한 적은 없습니다.

[페라리스:] 1984년. "프랑크푸르트, 하버마스 세미나에서의 강연."[14] "데리다는 특히 아리스토텔레스 이래로 정전화되어 온 수사학에 대한 논리학의 우월성을 뒤집고자 했다."[15]

데리다: 저는 때때로 계몽주의에 대해 방어적인 방식으로 언급한 것을 후회합니다. 제가 해체란 계몽주의의 편에 서는 기획이라고, 18세기의 계몽주의를 이후의 계몽주의와 혼동해서는 안 된다고 말한 적이 있긴 합니다. 하지만 제가 후회하는 점은 마치 [*독일의] 아우프클래룽Aufklärung, [*이탈리아의] 일루미니스모Illuminismo, [*프랑스의] 뤼미에르Lumières가 동일한 것이라는 듯, 이 개념들 각각이 동질적인 현실에 대응한다는 듯 계몽주의 일반에 대해서 논하는 혼란스러운 논쟁의 장에 진입

14 G. Bennington, *Jacques Derrida, cit.*, p. 307.
15 J. Habermas, *Le discours philosophique de la modernité: douze conférences*, trad. C. Bouchindhomme et R. Rochlitz, Paris, Gallimard, 1988, p. 221.

했다는 것입니다. 제대로 하려면 계몽주의에 찬동하거나 반대하는 식의 논쟁을 받아들여서는 안 됐습니다. 어떤 계몽주의에 찬동하는 것인지 매 경우마다 구별해서 말해야 했죠. 저는 안타깝게도 그렇게 하지 못했습니다. 동일한 것이 혁명이나 보수라는 개념에 대해서도 타당합니다. 이 논쟁은 구호로 환원되면서 잡아먹혔죠. 독일과 프랑스 사이의, 하버마스나 프랑크푸르트학파의 후계와 "프랑스인들" 사이의 논쟁들은 일반적으로 언론에 의해 망가진 논쟁들입니다. 이 논쟁들은 더 진지했어야 했고 역사적으로 더 세공됐어야 했죠. 그러니까 저는 그 문제들을 빠르게 다루기를 원하지 않습니다. 어쨌거나 서두르게끔 저를 압박한다면야 이렇게 말하겠습니다. 만약 계몽주의가 이성의 역사라면 이성 자체가 변형된다는 것을, 비판에는 한계가 없다는 것을, 혁명이 그 어느 때보다도 필요하다는 것을 인정해야 한다고 말입니다. 저는 긍정합니다. 하지만 그것이 해체를 경유한다는 조건하에서, 그것이 이미 해체되었거나 해체될 수 있는 철학소를 재구성하지 않는다는 조건하에서 긍정하죠.

한편 생각건대 논변argument에 대해 논하는 철학자들은 논변의 범형을 머릿속에 가지고 있고, 그 범형이 지켜지지 않으면 그들은 더 이상 논변이 없다고 말합니다. 하지만 저는 차라리 다른 형태로 논변은 있다고 말합니다. 저는 문학이 논변적이라고 생각합니다. 다른 방식으로, 상이한 절차로 말이죠. 문학은 결론들로 향하고자 합니다. 결론들이 계류적인 부류, 결정 불가능한 부류라고 할지라도 그렇습니다. 문학은 타자와 교류하는, 타자의 응답을 필요로 하는, 담론적으로 조직화된 담론입니다. 그러니까 그건 시간성을 거치는 담론이죠. 이런 논변 구성argumentation은 철학의 규범들에 굴복하지 않습니다. 철학의 내부에 논변 구성의 종류가 하나밖에 없다손 치더라도 그렇습니다. [이건] 여전히 전제입니다. 역사 내내 철학자들이 벌인 대론들discussions은 모두 의론들thèses이나 의론적 내용들에 관한 대론들, 즉 논변 구성들이기도 하지만 또한 논변 구성의 규범에 관한 대론들이기도 합니다. 칸트는 데카르트가 논변을 구성한 방식을 비판했습니다. 논변 구성이 응당 지켰어야 할 규범에 데카르트가 충실하지 않았다고 비판한 것이죠. 철학 내부의 대론이란 논변 구성이라는 주제에 관한 대론이었습니다. 아리스토텔레스는 플라톤에게 그 지점에서 당신은 더 이상 논변을 전개하는 것이 아니라고 말합니다. 철학의 내부에서 이미 논변 구성이라는 주제에 관한 합의가 존재하지 않습니다. 그렇다면 우리는 철학의 바깥에서도 사정이 다르지 않음을 인정해야 합니다. 우리가 철학이라고 부르는 커다란 덩어리가 있어서 그 안에서는 다양한 논변 구성이 일반적 협정에 의해 할당된 공간을 점유하고 있다는 듯이 굽니다. 하지만 그것도 확실하지 않죠. 우리는 철학 안에 문학적인 구석이 있음을 보여줄 수 있습니다. 지양Aufhebung, 이것은 이미 시적인 서명입니다. 독일어를 모르는 사람이라면 이를 받아들이지 않고 다음과 같이 말할 것입니다. "그는 내게 파괴와 보존, 고양과 제거를 모두 뜻하는 조작이 존재한다고 말하네. 그것은 논변이 아니지."

저는 철학적인 장소가 존재한다는 공리를, 철학적 담론이나 요구의 유형이 존재한다는 사실을 진지하게 받아들입니다. 그리고 저는 그런 종별성을 존중하면서 가능한 한 멀리까지 나아가고자 합니다. 그러나 동시에 저는 철학적 한계에 대한 이 사유는, 그 장소의 테두리는 또 그것대로 한계를 지닌다고 믿습니다. 이것 역시 하나의 문제죠. 철학은 그래서 제가 원하는 대로 되지 않습니다. 그 장소는 "언쟁"의 장소가 되죠. 전치déplacement를, 내적인 이질성을 제 안에 법칙으로 두게 됩니다. 지진의 비유를 다시 들자면 지하에서 철학적 토양을 움직이는 단층이 있습니다. 단층은 다소 정기적으로 땅이 뒤흔들리게끔 만듭니다. 사건이 있게끔 하는 것이죠. 사건이 있기 위해서는 어떤 장소가 있어야 합니다. 그 장소는 의문에 붙여져야 하고 균열되어야 하며, 그 테두리 바깥으로 [*무언가가] 넘쳐나야 합니다. 예의 공리에 대한 존중은 저로 하여금 그 장소 안에서 섬뜩한Unheimlich 무언가에 주의를 기울이도록 명령했습니다. 제 거처에 있지 않는 식으로 제 거처에 있기가 철학의 존재 방식입니다. 이로부터 철학적인 것에 대한 존중 안에서의 이중 구속이 비롯됩니다. 제 작업에 대한 반응들도 이로써 해명되는 것이죠. 사람들은 제가 철학을 진지하게 받아들이지 않는다고, 제가 철학을 다른 것과 뒤섞는다고 생각하는 동시에 제가 철학적으로 지나치게 꼼꼼하다고, 지나치게 문면에 집착한다고 생각합니다. 이렇게 철학적인 것을 진지하게 받아들인다고 생각하는 동시에 도처에서 불신을 표하는 혼잡스러운 상황을 그들은 해명하지 못합니다.

[페라리스:] 1989년. 해체와 정의의 가능성에 관한 … 뉴욕 칼도조 로스쿨에서 개최된 큰 콜로키엄을 여는 담화.[16]

데리다: 거기서 말한 것 전부가 저의 이전 텍스트들 안에서 이해될 수 있음을 보여줄 수도 있을 것입니다. 그럼에도 불구하고 그 순간은 제가 해체 불가능한 것이 존재한다고, 정의는 해체될 수 없다고 말한 최초의 순간입니다. 해체의 영향을 받은, 법 권리에 관한 정치적 이론으로서 "비판 법학"이라는 표지를 달고 있는 미국적 공간에서, 그러니까 법학의 영토 안에서 그렇게 말했죠. 그런 언표의 논리로부터 많은 것이 도출되었습니다. 법 권리와 정의 사이의 구별. 이를 주제로 삼은 벤야민의 텍스트에 대한 독해는 제가 양자를 분절해내는 데 도움이 됐습니다. 그것이 이후 제 담론 중 상당수의 모태가 되었습

16　G. Bennington, *Jacques Derrida*, *cit.*, p. 308.

니다. 『마르크스의 유령들』은 바로 그런 움직임 안에 있죠. 이 저작은 법 권리라는 관념으로는 환원될 수 없는 정의라는 관념에 의해 다스려집니다.

[*거기서] 저는 '타자에의 계시révélation, 즉 정의'라는 레비나스의 단순하고도 강력한 문구를 환기시켰습니다. 타자의 독특성과 맺는 관계는 법 권리에 의해 동화될 수 없습니다. 증여don의 논리는 배상restitution의 논리로 환원되지 않습니다. 법 권리, 그것은 배상이고 재분배이며 등가입니다. 정의는 이 모든 것을 초과하며 탈구를 전제합니다. 그것은 이음매에서 빠져 있죠. 그리하여 아낙시만드로스의 구절에 대한 하이데거의 강력한 텍스트 안에서 하이데거와 논쟁을 벌이게 됩니다. 거기서 디케는 이어짐fugen의 곁에, 얼개agencement의 곁에 있습니다. 저는 탈구가 필요함을, 탈구가 정의의 조건임을 강조합니다. 해체는 정의입니다. 타자와 나 사이의 불균형 안에서, 나와 타자로서의 나 사이에서 말이죠….

[페라리스:] "정신분석적 속셈이 있든 없든 우리는 가다머Gadamer 교수가 이해Verstehen라고 일컬은 담론, '타자를 이해하기', '서로 이해하기'라고 일컬은 해석적 담론의 공리적 조건에 관해서 여전히 물어볼 수 있을 것이다. 합의에 대해 말하든 오해에 대해 말하든(슐라이어마허Schleiermacher) 우리는 이해의 조건이 '관계'와 연속적인 것이기는커녕 […] 관계의 단

절은 아닌지, 어떤 단절적 관계가 아닌지, 모든 교류의 계류가 아닌지 물어볼 수 있을 것이다."17

데리다: 비밀이라는 물음을 최근 몇 년의 세미나에서 저는 좀 더 체계적으로 다루고자 시도했습니다. (『시간의 증여』의 말미와 『정념들Passions』의 말미에서 저는 이 제스처를 소묘했습니다.) 이 물음으로 인해 저는 비밀에 다가서게 되었고 비밀이 고지되는 걸 보게 되었습니다. 밀교적 헤르메스주의라는 그리스적 측면으로든, 세크레툼secretum의 분리라는 라틴적 측면으로든, 내재성으로서의 게하임니스Geheimnis라는 측면으로든 말이죠. 이 비밀은 우리가 지키는 무언가, 소통에 저항하는 무언가, 우리가 비밀스레 지키는 무언가의 모습을 지니고 있지 않습니다. 우리가 때에 따라 드러낼 수 있는 그런 내용이나 의미가 아니죠. 그건 경험의 비현상성 자체로서의 비밀이고, 현상과 비현상이라는 대립의 너머에 있는 무언가로서의 비밀입니다. 그것은 실존의 기본 요소이기까지 합니다. 제가 모든 것을 언술할 수 있었다고 해도 어떤 잔여가 있습니다. 그 잔여는 저의 대체 불가능한 독특성이고, 그게 무엇이 됐든 제가 감추려고 하는 것과 무관하게 비밀인 그런 것입니다.

17 J. Derrida, *Bonnes volontés de puissance: une réponse à Hans-Georg Gadamer*, in "Revue internationale de philosophie", n° 151, 1984, pp. 342-343.

합의 속에서도, 어쩌면 가능할지도 모르는 투명성 속에서도 비밀은 결코 손상되지 않습니다. 그것은 비밀이 아닌 것non-secret과 대립조차 않는 그런 비밀인 것이죠. 그건 형언할 수 없는 무언가조차 아닙니다. 왜냐하면 이 비밀은 말해지고 있는 모든 것, 말해진 모든 것이 품고 있는 비밀이기 때문입니다. 그것은 파롤로 옮겨진 것을 와해시킵니다. 바로 거기, 우리가 공유하면서도 공유할 수 없는 무언가quelque chose qu'on ne peut pas partager même dans le partage가, 공유의 조건 그 자체인 무언가가 있습니다. 주제화할 수 없고 대상화할 수 없으며 공유할 수 없는 무언가가 존재해야 한다는 것이 공유하기 위한, 교호하고 대상화하고 주제화하기 위한 조건입니다. [*주제화할 수 없고 대상화할 수 없으며 공유할 수 없는 무언가,] 바로 이것이 절대적인 비밀입니다. [*절대absolu란] 어원을 보면 풀려난 것ab-solu입니다. 연결로부터 잘려 나온 것, 떨어져 나온 것, 연결될 수 없는 것, 그것이 바로 연결의 조건입니다. 하지만 그 조건 자체는 연결될 수 없죠. 그게 절대입니다. 절대란 게 있다면 그건 곧 비밀입니다. 저는 바로 그런 지향하에서 키르케고르에 대한, 이삭의 희생에 대한 독해를 시도했습니다. 비밀로서의 절대, 전적인 타자로서의 절대를 읽어내고자 한 것이죠. 그것은 초월적인 것이 아닙니다. 나 자신을 넘어서는 것조차 아니죠. 그것은 현상성의 광명에 대한 저항입니다. 급진적이고 불가역적이죠. 우리는 거기에 모든 종류의 형식을 부여할 수 있습니다. 예컨대 죽음 말이죠. 하지만 그건 죽음조차 아닙니다.

이런 관점에서 보면 자서전은 비밀의 장소입니다. 하지만 의식적이거나 무의식적인 비밀을 열쇠처럼 찾아내려 한다는 그런 의미에서 비밀의 장소인 것은 아닙니다…. 열쇠 같은 그런 비밀도 있죠, 물론입니다. 하지만 제가 사유하기를 모색하는 비밀은 그런 것이 아닙니다. 그것을 사유하기를 모색한다는 것은 그것을 그것 외의 모든 것과 표현 가능하고 정식화 가능한 관계를 맺게 만들 방도를 모색한다는 것이기도 합니다. 비밀이 존재하지 않는 공간 혹은 비밀들 ― 우리가 숨길 수 있는 비밀들, 우리가 지키고 유보해두는 것들 ― 이 양도될 수 있는 공간 안에서 이 무조건적이고 절대적인 비밀을 위한 자리란 무엇인지 모색하는 것이죠.

물론 [*이를 위한] 가장 매력적인 형상은 죽음입니다. 죽음과 관련된 것, 죽음에 의해 이끌리는 것, 삶 자체 안에 있는 것 말이죠. 아닌 게 아니라 죽음과의 관계는 비밀이라는 경험의 특권적 차원이긴 합니다. 그러나 저는 불멸자도 동일한 경험을 하리라고 생각합니다. 불멸자도 이런 비밀은 지양할 수 없습니다.『정념들』의 말미에서 저는 비밀이 아닌 것에 관해 물었습니다. 비밀이 존재하지 않는 일이 가능합니다. 제가 비밀이라고 명명하는 모든 것이 비밀이 아닐 수 있고, 비밀이라는 이름이 라틴적인 어의 안에, 분리된 것, 분리된 것으로서의 절대라는 어의 안에 이미 기입되어 있을 수 있습니다. 이미 분리되었다는 게 언사가 지나치지만, 이미 비밀스럽다고만 말한다면 제 본지本旨를 좀 더 간편하게 인지될 수 있는 것들 쪽으로 끌고 갈 위험이 있습니다. 저는 차라리 이렇게 말하겠습니다. 제가 행하고 사유하고 가르치고 쓰고자 하는 것 모두는 근본적으로 그 비밀의 안에서 동기·자극·소명을 찾는다고 말이죠. 근본적으로 이 비밀은 그걸 규정하려는 우리의 모든 노력을 끊임없이 실격시킵니다. 이것의 주변에서라면 우리는 결코 끝냈을 수 없습니다. 물론 저는 이걸 말하고 보여주기를 꿈꿉니다. 그게 불가능하다는 사실을 안다고 해도 그걸 말하고 보여주고 해명하려는 욕망이 사라지는 건 아닙니다.

모종의 방식으로, 말할 수 없는 것임에도 우리가 논하고 있는 이 비밀은 역설적이게도 세상에서 가장 널리 공유[*분유]된 것입니다. 데카르트의 경우에 양식이 그러했듯이 말이죠. 하지만 이건 공유되지 않는 것을 공유하는 것입니다. 우리는 우리가 서로 아무런 공통점이 없다는 것을 알고 있다는 점에서 공통됩니다. 이 주제에 관해서라면 끝없이 합의를 볼 수 있습니다. 그러나 이런 합의는 그 무엇에도 도움이 되지 않습니다. 그건 독특한 것이 독특하다는 사실, 타자가 타자라는 사실, 모든 타자가 전적으로 다르다는 사실에 대한 합의니까요. "모든 타자가 전적으로 다르다"라는 정식에 대해 저는 모든 이가 동의하리라고 생각합니다. 누구도 거기에 진지하게 이의를 제기하거나 반대되는 증언을 내세울 수 없습니다. 하지만 그걸로는 아무런 진전이 없습니다. 모든 타자가 전적으로 다르다는 데 동의하고 거기서 출발할 때 생기는 차이는 기껏해야 쟁의가 ― 따라서 전쟁과 논쟁들이 ― 가능하다는 것, 나아가 불가피해진다는 것 정도뿐이죠.[18]

흥미롭습니다. 그 정식은 동의하지 않을 수 없는 주제에 관한 정식, 합의가 있을 수 있는 정식이죠. 그럼에도 이 합의는 같은 내용le même에 일치를 보는 것이나 평화, 질서를 뜻하지 않습니다. 아무것도 아닌 것rien에 대한 합의가 존재합니다. 이건 모든 실존자가 공유할 수 없는 것le non partageable을 공유한다는 사실에 대한 합의입니다. 우리는 이런 유형의 정식에 범형으로서 흥미를 가질 수 있습니다. 아마도, 어쩌면 이 범형은 로고스, 존재 등 철학의 사무Geschäft der Philosophie를 규정하는 것들의 범형일지도 모릅니다. 이 정식의 역사는 철학적인 이의들과 이견들의 역사일 수밖에 없습니다. 같지 않음으로서의 같음ce même qui n'est pas le même에 관한 불일치와 간극들이 철학의 역사를 이룹니다.

이걸 말하기 위해서 어째서 "비밀"이라는 단어를 고르는 걸

---

18 편집자: 이 문단은 수수께끼 같다. 의심스럽지만 우리는 타자본의 말들을 그대로 옮긴다. [*이 문단의 혼란스러움은 『우정의 정치Politique de l'amitié』(Paris, Galilée, 1994, p. 70 이하)를 나란히 두고 읽음으로써 해소될 수 있다. 이 점에 대해서는 옮긴이의 말을 보라.]

까요? 어째서 동일자, 로고스, 존재 같은 단어가 아니라 이 단어를 특권화하는 걸까요? 그건 무의미하지 않습니다. 그건 특정한 철학적 무대 안에서의 전략입니다. 이 무대에서 우리는 분리·고립을 고집하고자 합니다. 일반적으로 비밀이라고 불리는 것과 [*지금 제가 논하는 바의] 비밀 사이에는 그 둘이 비록 이질적이라고 해도 어떤 유사성analogie이 존재합니다. 저는 그 유사성으로 인해 비밀이 아닌 것보다는 비밀을 선호하게 됐습니다. 공적인 발화, 전시, 현상성보다 비밀을 더 좋아하게 됐죠. 제겐 비밀의 취향이 있습니다. 이건 물론 귀속되지 않음과 결부됩니다. 저는 정치적 공간, 예컨대 비밀이 있을 자리가 없는 공적인 공간을 두렵게, 무섭게 여깁니다. 모두에게 모든 것을 공적 공간에 내놓기를 요구하고 내면의 양심 같은 건 남겨두지 말라고 요구하는 것, 이것은 민주주의의 즉각적 전체주의화입니다. 제게는 그렇습니다. 저는 이를 정치적 윤리로 변환시킬 수 있습니다. 비밀에의 권리를 유지하지 않는다면 우리는 곧 전체주의의 공간 안에 있는 것입니다.

귀속된다는 것, 귀속을 고백하는 것, 가족이 됐든 국민이 됐든 언어가 됐든 무언가를 공통물로 삼는다는 것은 곧 비밀의 상실을 뜻합니다.

파리, 1994년 1월 25-26일.

IV

페라리스: 나는 왜 맑스를 선택했는가? 왜냐하면 콜로키엄이 있었기 때문이다. 제가 어제 『마르크스의 유령들』의 필연성 내지는 기원에 대해 묻자 당신은 이렇게 답했습니다. 그게 무가치하다고 여기지는 않습니다. 하지만 만약 그게 히틀러에 대한 콜로키엄이었다면요? 계산 불가능한 것과 계산 사이의, 운과 전략 사이의 관계란 어떤 것인가요?

데리다: 도래하는 것에 개방되기, 이것은 장래에, 타자의 도래에, 즉 나와는 독립적인 무언가의 도래에 노출되는 한 가지 방식일 수도 있습니다. 이는 또한 카이로스kairos나 기회, 운수의 범주 아래서 사유될 수도 있습니다. 둘은 교차될 수 있지만 정확히 같은 건 아니죠. 맑스에 대한 콜로키엄은 개최되지 않을 수도 있었어요. 그랬다면 어쩌면 저는 맑스에 관한 그 책을 쓰지 않았을 수도 있죠. 하지만 저는 그런 계기에 응답하는 일이 전략적으로 잘 계산되었는지 자문했습니다. 망설이고 시도했죠. 이건 아주 긴 숙고였습니다. 하지만 헤아림 끝에, 계산이 어떠했든지 간에 스스로에게 이렇게 말하게 되는 순간이

있었습니다. 받아들이자, 받아들여. 그러니까 기회의 몫이 존재합니다. 하지만 극단적으로 복잡한 사슬에서 출발해야만 그런 기회가 모습을 드러낼 수 있음을 우리는 증명할 수 있습니다. 확실히 그렇죠. 저의 경우 그 사슬은 학술적인 무대, 정치적인 무대, 그리고 분석의 대상으로 삼아볼 수 있는 숱한 원인으로 이루어진 것이겠죠. 이로써 그 기회가 여전히 [*계산 불가능한] 하나의 기회인 채로 머물면서도 극단적으로 정밀한 [*계산 가능한] 연쇄 안에 기입됨을 보여줄 수 있을 것입니다.

이 주제와 관련해서 제가 내놓은 가장 정교한 응답은 『나의 기회들Mes chances』에 있습니다. 거기서 저는 운의 가치를 이해하기 위해 노력했죠. 하지만 이 물음들에서 가장 치밀한 매듭은, 당신이 제게 암시한 대로, 일기일회unique의 정세 안에서 매번 운과 타자성과 계산적 합리성을 엮어내는 매듭이죠. 결단은 성찰과 지식을 통해서 준비되어야 합니다. 하지만 결단의 순간, 즉 책임성의 순간에는 [*계산 가능성의 질서에 속하는] 지식과의 단절이 전제되고 결과적으로 계산 불가능한 것을 향해 개방되어야 합니다. 이는 수동적으로 휩쓸린 결단décision passionnée 같은 것이죠. 달리 말하면 우리는 계산 가능한 것의 몫part과 계산 불가능한 것의 몫을 합리적으로 분배할 수 없습니다. 힘이 닿는 데까지 계산해야 하지만 계산 불가능한 것이 도래하고 맙니다. 그게 타자이고 독특성이고 기회입니다. 거기에 우리의 몫은 없죠. 이성과 그 타자의, 계산 가능한 것과 계산 불가능한 것의, 필연성과 우연성의 분할partage은 유례가 없는 것입니다. 그것은 구별의 논리에 종속되지 않습니다. 그건 두 개의 몫으로 나뉘는 분할이 아닌 것이죠.

그게 분할이 아니라는 건 계산 불가능, 기회, 타자 또는 사건이라고 불리는 것이 합리성의 공간을 전적으로 침범할 수 있고 잡아먹을 수 있다는 소리입니다. 내가 길을 잃게 되는 이 수수께끼 같은 상황은 그로부터 비롯됩니다. 하지만 계산적 합리성과 그 타자가 서로 다를 바 없게 만드는 것도 이 수수께끼입니다. 이 수수께끼는 결단·책임성에 관한 물음 전체를 복잡하게 꼽니다. 알아야 할 필요가 있습니다. 지식이 필요합니다.* 그러나 결단이 취해지는 순간이 지식에 대해 이질적이기에 저는 이걸 무척 단호하고도 무조건적인 방식으로 말하게 됩니다. 다만 저는 이 무조건성을 제가 방금 말한, 전율을 선사하는 한계 없음 위에 새겨 넣습니다. 당연히 많은 사례를 들 수 있습니다. 그것이 제가 쓴 모든 것, 제게 벌어진 모든 일의 법칙이기 때문입니다. 제가 쓴 텍스트들은 저마다 "계기가 있어서" 쓰인 것입니다. 저는 어떤 글을 쓰려고 작정한 적이 없어요. 제가 한 모든 것은, 잘 구성된 책들조차도, 어떤 요구가 있는 계기에 만들어진 것입니다. 날짜와 서명에 대한 저의 관

---

* '지식이 필요합니다'로 번역한 il faut le savoir은 le를 지시대명사로 보면 '그것을 알아야 할 필요가 있습니다'로 번역된다.

심은 방금 제가 한 말을 뒷받침합니다.

당장 해봅시다. 우리는 지금 나폴리의 호텔 방에서 대화하고 있는데, 당신 뒤에 놓여 있는, 제가 지금 쓰고 있는 중인 저 텍스트 안에서* 저는 정신분석이니 아카이브니 프로이트니 종교니 하는 것에 대해서 말하고 있습니다. 거기서 저는 프로이트의 『그라디바』 원고에** 대해 논하는데, 폼페이 근처, 그 순간 등의 계기로 인해 그렇게 쓰게 됐다는 걸 알아차렸습니다. 저는 그 계기가 남긴 흔적들을 지워버리면, 그 계기를 보존하지 않으면 제 삶을 상실하고 말 것이라는, 제 삶은 더 무상한 것이, 중성적인 것이 되고 말 것이라는 인상을 받습니다. 가능하다면 저는 가장 사변적인 사유조차도 언어 안에, 날짜 안에 기입해 넣습니다. 이 사유는 특정한 순간에 제게 도착한 것이죠.

페라리스: 그건 약한 사유, 바티모나 로티의 것보다 더 약한 사유의 진정한 초상인가요? 제가 말하고 싶은 것은 그 초상화는 우연성(운)과 관용(타자에 대한 무조건적 개방)이 얽힌 게 아니냐는 겁니다. 현상하는 것들에 부드럽게 굴면서 역설적이게 어떤 무차별indifférence로 향할 수도 있는 것 아닐까요? 로티가

---

*   시기와 내용으로 미루어 『아카이브의 열병 Mal d'archive』(Galilée, Paris, 1995)일 것으로 짐작된다.
** 「빌헬름 옌센의 『그라디바』에 나타난 망상과 꿈」을 가리킨다.

말한 것처럼 교수들이 [사형 집행인]¹보다 낫다는 것은 참입니다. 또한 어떤 면에서는 스스로도 읽지 않은 책에 대해 선전용으로 주례사 서평을 써대는 자보다 이교도들을 처벌하는 종교재판관이 자신의 의론들을 더 존중한다는 것은 참입니다.

데리다: 저는 관용이라는 말을 쓴 적이 없는데, 이는 그냥 그런 것이 아닙니다. 제게 관용이라는 관념과 볼테르를 주제로 삼은 제네바에서의 콜로키엄에 참여하라고 권한 친구들이 있습니다. 처음에는 학술적이었던 이 콜로키엄을 그들은 세계 안에서 벌어지는 모든 불관용에 저항하는 투쟁적 움직임으로, 루슈디Rushdie 사건이나 도처에서 살해당한 다른 지식인과 연관된 것으로 만들려고 했습니다. 저는 거기에 갈 수 없었기에 짧은 글을 하나 보냈죠. 거기서 저는 볼테르의 『철학 사전Dictionnaire philosophique』의 "관용" 항목을 참조하면서 이 관용 개념을 주의 깊게 살펴야 한다고 이야기했습니다. 볼테르의 이 정말이지 아름다운 글은 동시에 저를 무척이나 불안하게 하는 글이기도 합니다. 그건 계몽주의의 글입니다. 특히 자신의 신앙에 확신을 가지고서 타인을 관용해야 한다는 기독교도들의 의무를 조회하죠. 그래서 그 글은 상대주의와 교조주의를 모두 가지고 있습니다. "우리는 우리의 진리에 확신을 갖고 있

1   편집자: 타자본에서는 "고문관".

다. 타인들이야 오류에 빠져 있든 말든 내버려두자. 그들을 규탄하지 말자." 스스로가 옳다는 걸 알고서 이렇게 타인들을 관용해야 하고 그 차이를 견뎌야 한다는 생각은 제게 [*우선 스스로가 옳다고 믿는다는 점에서] 교조주의적인 동시에 [*타자를 관용해야 한다고 생각한다는 점에서] 상대주의적인 것처럼, [*따라서] 비상대주의적이면서 상대주의적인 것처럼 보입니다. 당신이 이미 언급한 것처럼 저는 몇몇 사례에서 어떤 멸시irrespect의 형식을 발견합니다. 관용이라는 관념에 정확을 기한다면야 저는 물론 관용적이고자 합니다. 하지만 타자에 대한 개방을, 타자에 대한 존중처럼 보이는 무언가를 더 정확하게 벼리기 위해서라면 저는 다른 단어, 다른 개념이 더 좋습니다.

  시간이 있었다면 저는 관용 개념에 대한 해체적 계보학을 제안하고자 시도했을 것입니다. 그러고 나서 우리가 어떻게 그 너머로 갈 수 있는지 보고자 했겠죠. 해체는 항상 텍스트나 담화를 존중하려고 합니다. 해체는 텍스트를, 혹은 타자의 신념이나 생각을 파괴하는 게 아니며 위축시키는 건 더욱 아닙니다. 정반대죠. 바로 이런 측면에서 해체가 약한 사유보다 더 약한 사유라는 당신의 말을 환기시켜보죠. 저는 그게 모종의 방식으로 참이라고 생각합니다. 만약 "약함"이 자유주의적 상대주의를 말하는 것이라면 당연히 그렇지 않습니다. 하지만 "약함"이 타자와의 관계에서 무장을 해제하는 방식을 뜻한다면, 그렇습니다. 약함에 관한 담화가 제 텍스트들 도처에 있는 거죠. 그것은 가장 강한 힘으로 변환될 수 있는 약함이죠. 하지만 절대적인 약함의 순간이, 절대적인 무장해제의 순간이 존재합니다. 그리고 계기, 기회, 운에 관해 우리가 방금까지 한 이야기는 내가 전유할 수 없는 것에 노출되기로 요약됩니다. 바로 여기에, 우리보다 전에, 우리 없이. 바로 여기에, 도래하는, 우리에게 도래하는, (우리에게) 도래하기 위해서 우리를 필요로 하지 않는 누군가가, 무언가가 있습니다. 그리고 사건이나 타자성과의 이 관계는 기회나 계기와의 관계와 마찬가지로 우리를 완전히 무장해제시킵니다. 무장해제되어야 합니다il faut être désarmé. 해야 한다는 사건을 긍정합니다Le *il faut* dit oui à l'événement. 그건 나보다 더 강하죠. 그건 나보다 앞선 것입니다. 해야 한다란 언제나 나보다 더 강한 것을 인정하는 것입니다.

"해야 한다"가 필요합니다il faut le "il faut". (타자가 됐든 무엇이 됐든) 그것이 나보다 더 강하다는 것을 인정해야 합니다. 그래야 무언가가 벌어질arrive 수 있죠. 무언가가 벌어지기 위해서는 제게 힘이 부족해야 합니다. 충분히 부족해야 하죠. 만약 제가 타자보다 더 강했다면, 혹은 도착하는arrive 무언가보다 더 강했다면 아무것도 도착하지 않았을 것입니다. 약함이 필요합니다Il faut la faiblesse. 이것은 꼭 허약함이나 모자람이 아닙니다. 결함, 병듦, 나약이 아니죠. 이 약함을 이야기하기 위해서는 의미를 더 다듬을 필요가 있을 것입니다. 어떤 한계가 필요하며, 열림이 바로 일종의 한계죠. 이 약한 긍정은 무조건적인 것이지 상대주의적인 것이거나 관용적인 것이 아닙니다. 방금 말한 것과 반대되는 걸 말하는 자들과 단호히 맞서야 한다고, 한치의 관용도 없이 맞서야 한다고 저는 생각합니다. 비록 구체적인 상황 속에서 자유주의나 관용의 수사들에 맞서는 걸 제가 좀 참는 편이라고 해도 말이죠.

페라리스: 사건이 그 어떤 계산으로도 [*포괄될 수 없고] 그 이상을 증여한다고 전제하는 운명론적 역사철학에 매몰될 위험이 존재하지는 않을까요? 이건 마호메트적 현사실 같은 것이죠. 그리고 사건을 향한 개방이, 사건을 향해 개방되지 않기라는 사건을 제외한 모든 것을 향한 개방이라고 한다면, (사건을 향해 개방되지 않기 자체도 하나의 사건이기 때문에) 여기에는 논리적 모순이 있습니다.

데리다: 만약 "역사철학"이 역사가 하나의 방향·의미를 지닌다는 섭리에 관한 철학을 뜻한다면 우리가 방금 말한 모든 것은 역사철학의 한계를 표시하는 것입니다. 역사철학이 존재하는 곳에 역사는 더 이상 존재하지 않습니다. [*그런 역사철학에서는] 모든 것이 원리상 예견 가능하죠. 모든 것이 어떤 신의, 섭리의 시선 안에 모아들여집니다. 그런데 역사성은, 만약 그것이 존재한다면, 역사철학의 한계를 설정합니다. 역사성을

고려하는 역사철학이란 모순이죠. 제가 방금 제시하려고 한 것은 역사성에 관한 사유입니다. 이것은 역사철학이라는 기획 자체를 소진시킵니다. "역사철학"이라는 이름 아래 사태를 다르게 열어젖히려는 게 아니라면 말이죠. 계몽주의를 비롯해서 헤겔을 거쳐 맑스에 이르기까지 역사철학들은 우리의 근대적 유산을 이룹니다. 제가 하려는 모든 말은 역사철학들과의 단절입니다. 그렇다면 역사철학의 해체란 더 이상 이론적 명제들을 그러모은 주장이 아닐 것입니다. 해체란 도착하는 것이라고 저는 종종 말합니다. 그것이 거기 도착한다는 사실만으로 역사철학들을 의문에 붙이기에 족합니다.

왜 쓰냐고요? 제게는 언제나 어떤 느낌이 있습니다. 그 느낌은 아주 겸허한 동시에 과장적으로 거만한 것인데요, 그건 제게 말할 것이라곤 없다는 느낌입니다. 제가 뭔가 흥미로운 걸 가지고 있어서, "보아라, 누구도 묻지 않았지만 여기 내가 기획한 책이 있도다"라는 말을 스스로에게 허락하는 게 아닙니다. 그런 느낌은 없어요. 도대체 얼마나 거만해야 "보아라, 내가 생각한 것, 쓴 것을. 이건 세상에 출간되고 제출될 만한 것이다"라고 말할 수 있겠습니까. 무언가를 출간하기 위해서는, 인류에게 어떤 메시지를 전달하기 위해서는 도대체 얼마나 확고해야 할까요! 이와 관련해서 저는 항상 미소를, 회의적이고 초조한 미소를 지었습니다. 이런 거만함의 혐의를 조금이라도 덜어주는 것은 누군가가 제게 방문하도록 초청하고 물음을 제기한다는 사실이었습니다. 그리고 그 순간에 저는 스스로가 좀 덜 우스꽝스럽다고, 좀 덜 거만하다고 느끼게 됩니다. 모종의 방식으로 제가 어떤 계기나 초빙에 예의 바르게 응하는 모양새가 되기 때문이죠. 그래서 꾸며낸 것은 아닌 이 겸허함이 일종의 과장된 거만함, 내가 무엇을 말하든지 간에 흥미로우리라는 그런 거만함과 양립 가능해집니다. 어떤 계기가 있어서 내가 발언했음이 구전되리라고, 기록되고 특기될 것이라고 쳐봅시다. 그렇게 그게 역사가 되고 사건들이 됩니다. 그건 제가 진리를 전달하게 될 것이기에 흥미로운 게 아닙니다. 하나의 퍼포먼스가 있게 될 것이기에 흥미로운 것이죠. 이 모든 텍스트는 수행적 퍼포먼스입니다. 수행적 퍼포먼스가 있다는 사실만으로도 역사철학이 스스로의 한계를 발견하기에 족합니다. 역사철학은 [*과거에] 있었던 것, [*지금] 있는 것, [*앞으로] 있을 것을 말합니다. 역사철학은 퍼포먼스에 자리를 내주지 않습니다. 담론에 의해서 그리고 담론 안에서 무언가가 벌어지자마자, 수행적인 것이 존재하자마자 역사철학은 고장납니다.

페라리스: 여타의 모든 분과와 달리 철학에는 동물(이론가)과 동물학자(역사가)가 동시에 존재한다는 말이 있습니다. 그것이 합리적 동물이라고 생각하면 딱히 놀랄 일은 아닙니다.

데리다: 저는 그게 그거라고 생각합니다. 철학자들의 가계를 분류하는 동물학이 존재하는 건 자연스러운 일입니다. 하지만 그건 경험적인 가지치기[*에 불과하]죠. 제가 생각하기엔 사실 모든 철학자가 역사적이면서 사변적입니다. 역사성을 헤아리는 일에 이미 착수하지 않고서야 철학적 물음을 제기하기란 불가능합니다. 그 물음이 아무리 추상적이라 한들, 역사와 관련해서 아무리 빈곤하다 한들 그렇습니다. 무엇인가Ti esti에는 이미 역사가 적재되어 있습니다.

당연한 소리지만 철학의 역사가 하나의 분과로 존립하는 방식에 대한 중차대한, 역사적인 담론의 필요성이 여기에서 비롯됩니다. 철학의 역사에 관한 역사une histoire de l'histoire de la philosophie가 존재합니다. 그치지 않는 변이들이 있죠. 그 역사가 사변적이지 않다는 뜻은 아닙니다. 철학의 역사도, 철학의 역사의 역사도 순정하게 사변을 탈각할 수 없고, 어떤 사변도 순정하게 역사를 탈각할 수 없죠. 제 개인적인 비근한 사례로 미루어 저는 이렇게 말하겠습니다. 저로서는 제가 한 것 안에서 철학의 역사를 고려하는 부분과 단순히 역사적이지는 않은 제스처를 구별할 수 없으리라고 말이죠. 해체란 역사적인 개념입니다. 동시에 그 개념은 역사성이라는 개념을, 진리의 역사라는 개념을 의문에 붙이죠.

페라리스: 순수한 이론theorein이란 게 만약 있다면 문제는

이름nom입니다. 예를 들어 우리가 상상된 어떤 소크라테스를 참조한다면 왜 하필 그를 소크라테스라고 부르는 걸까요?

데리다: 철학에는 역사를 기피하는 제스처를 반복하는 어떤 전통이 존재합니다. 철학자들은 제각기 다른 방식으로 철학의 역사에 종지부를 찍어야 한다고 말하면서 출발했습니다. 철학은 플라톤이나 하이데거는 이렇게 말했다 하면서 역사들을 읊는 것으로 이뤄진 게 아닙니다. [*플라톤부터 하이데거까지] 그 사이에 있는 모든 위대한 철학자는 이렇게 말하면서 출발했습니다. 이제 우리는 이야기récit와, 역사적 권위와 단절하련다. 데카르트도 이런 식이었습니다. 이성은 기억이 아니다. 칸트도 마찬가지죠. 헤겔은 모든 철학자 가운데 가장 역사가스럽지만, 경험적 역사와의 단절을 도모했습니다. 후설도 물론 마찬가지죠. 후설은 역사성을 배척하면서 출발했습니다. 그런 연후에 초월적 역사성을 재도입하긴 하지만요. 그러니까 모종의 방식으로 역사적 기억과의 단절은 그 어떤 것보다도 철학적인 것입니다. 철학자들 사이에는 몰沒역사주의로 치닫는 격화가 있습니다.

당신은 고유명을 출발점으로 삼아 물음을 열었습니다. 사실 저는 그게 철학 안에서 고유명들에 관한 물음을 제기하는 여러 방식 중 하나라고 생각합니다. 방금 언급된 이유들로 인해 철학자들은 대체로 고유명은 헤아릴 가치가 없다고 판단했습니다. 플라톤의 어떤 글이 흥미롭다 치면 그게 플라톤이 썼기 때문은 아니라는 것이죠 — 그런데 경험적인 어떤 맥락에서는 플라톤이 썼기 때문에 흥미롭습니다. 하지만 우리가 고유명과 서명을 진지하게 받아들이기 시작하면 사태가 바뀝니다. 고유명들을 진지하게 받아들인다는 것은 역사를, 작품들의, 수행적인 것의, 언어(철학이 자연언어라고 칭해지는 언어들과 연결되어 있다는 사실)의 역사를 진지하게 받아들인다는 것입니다. 더욱 복잡한 것은 고유명이 하나의 언어 안에 기입될 때의 역설입니다. 고유명은 언어 안에서 언어의 일부를 이루지 않는 것, 그래서 번역 불가능한 채로 머무는 것입니다. 고유명을 진지하게 받아들인다는 것은 번역의 권위에 저항하는 가장 오래된 장소를 진지하게 받아들인다는 것입니다. 이 대화를 시작할 때 우리는 타자를 향한 개방에 대해 논했습니다. 타자가 거기 존재한다는 사실에 관해서 논했고, 타자를 마주하여 저를 무장해제시키는 "'해야 한다'가 필요하다"에 관해서 논했죠. 고유명은 그런 식의 타자성을 의미합니다. 소크라테스가 존재했다는 것, 플라톤이 존재했다는 것, 나보다 앞서 도래했던 절대적으로 독특한 순간들이 존재했다는 것. 그 순간들은 곧 [*내가 거부할 수 없는] 법칙이라는 것. 저는 소크라테스라는 이름을 품고 있는 사건 안에 번역 불가능한 것이 존재한다는 사실 자체를 존중하기 위해 노력해야 합니다. "타자가 필요하다il faut l'autre"를 마주한 약함은 철학 안에서 실존하는 고유명들로 이어지는 것입니다.

페라리스: 『서명, 사건, 맥락』에서 당신은 *iter*나 *alter*가 산스크리트어 *itara*에서 유래했다는 사실을 암시했습니다. 되풀이itération와 변질altération이 동일한 원천을 공유하게끔 만드는 건 뭔가요? 후설은 다음과 같이 말했습니다. "그것을 위한 이름은 존재하지 않는다." 하지만 우리는 그게 어둠 속에서 격발된 권총 한 발과도 같은 거라고 언제든지 말할 수 있습니다.

데리다: 제 텍스트들 안에서 되풀이 가능성itérabilité이라는 이름 아래 분절되는 것은 당신이 상기시킨 그런 역설을 간직하고 있습니다. 그것은 지금 우리의 대화 정도로는 다스릴 수 없는 중차대한 장이죠. 경제적으로 생략해도 된다면 이렇게 이야기하고 싶습니다. 후설이 "그것을 위한 이름은 존재하지 않는다"고 말했을 때 제가 좀 거칠게 어원을 가지고 이야기했던 것처럼 우리가 동일한 이름 아래 모순된 두 의미가 접합된다고 말할 때, 그리고 근본적으로는 하나의 유일한 이름이 존재하지 않는다고, 하나의 유일한 이름 아래 두 개의 이름이 존재한다고 말할 때 그 이름의 사변적 기회는 — 헤겔이라면 이렇게 말할 텐데 — 하나의 유일한 이름 아래 두 개의 이름이 존재한다는 데에 있습니다. 결국 이름이란 존재하지 않는 것입니다. 왜냐하면 우리가 하나의 이름이 곧 두 개의 이름이라

고 말할 때 이름이란 존재하지 않거든요. 이제 우리는 어떻게 해야 할까요? 그것을 위한 이름은 없다고 누군가 말한다면 어떻게 해야 할까요? 우리는 명명 가능성의 너머에 있는 무언가를, 명명 불가능한 무언가를 지시하는 걸까요? 우리가 하고 있는 것은 좀 더 복잡한 제스처라고 저는 생각합니다. 우리는 이름이 존재하지 않는 바로 그것에 그렇게 이름을 붙입니다. 사실 우리는 매번 이름의 가능성에 이름을 붙입니다. 이름의 가능성을 일컫는 이름은 존재하지 않습니다. 하지만 우리는 이름의 가능성에 이름을 붙입니다. 되풀이 가능성을 재론하자면 이는 예컨대 동일한 것의 반복이자 새로운 것의 긍정이라는 그 이중적 면모와 더불어 제가 이름의 가능성에 이름을 붙인다는 뜻입니다. 모든 이름 — 물론 고유명을 말하는 것입니다 — 은 매번 새로이 부르기 위해 동일하게 머무를 수 있는 단어입니다. 이름의 가능성은 곧 되풀이 가능성입니다. 즉 매번 다른 것을 명명하기 위해서, 혹은 동일한 것을 다르게 명명하기 위해서 동일한 것을 반복할 수 있다는 가능성이죠. 저는 동일한 단어로 동일한 것을, 그러나 매번 새로운 방식으로 지시합니다. 달리 말하면 명명 자체는 되풀이 가능성이 없다면 불가능합니다. 조금 전에 말한 소크라테스를 사례로 들자면 소크라테스라는 이름은 동일한 것으로 머물러야 합니다. 우리는 동일한 것을 반복해야 합니다. 하지만 매번 제가 "소크라테스"라고 말할 때마다 명명은 달라지는 것이고 동일한 것이 다르게 지시되고 다른 누군가가 지시됩니다. 그러니까 명명 안에는, 명명 가능성 자체 안에는 그런 되풀이 가능성이 존재합니다 ― 혹은 이름을 가지지 않은 무언가가 존재하죠.

예컨대 "그것을 위한 이름은 존재하지 않는다"라고 말할 때 후설은 이름이 없는 그 무엇에 대해 말하는 만큼이나 이름이라는 것에 대해서도 말하고 있습니다. 그는 이름에 대해 무언가를 말합니다. 이름이란 무엇인가? 이 문장에서 후설은 이름이 뭔지 알고 있다는 듯한 분위기를 풍깁니다. 그래서 그는 다음과 같이 말합니다. 이 절대적 주관성의 체험류體驗流를 위한 이름이 우리에겐 없다. 그 이름을 명명하기 위한 가능성은 명명 불가능하다. 후설이 그것을 위한 이름은 없다고 말할 때 그는 이렇게 말하는 것입니다. 어휘 및 철학적 문법의 구조상 우리는 언어 안에서 적절한 단어를 찾을 수 없다. 각각의 이름nom은 그것이 구조적으로 명사nom라는 점에서 안정시키고 고정시킨다. 그걸로는 체험류를 기술할 수 없다. 모든 이름은 배반적인데, 왜냐하면 그것이 체험류를 안정시키고 공간화하기 때문이다. 언어는 정의상 이런 생성을 규정하는 데 무능하다. 이것은 이름에 관한 어떤 주장이죠. 어떤 언어 안에서, 특정한 서구적 문법 안에서 명사라는 이름을 가지고 있는 무언가에 관한 주장입니다. 요컨대 호명의 반복적 고정성은 [*이름이 붙는 대상을] 안정시킨다는 주장이죠. 그것은 움직이지 않게 됩니다. 누군가가 그것을 위한 이름은 존재하지 않는다고 말할 때 문제가 되는 것은 바로 이 구조입니다.

페라리스: 역사가는 보통 동시대를 살아가는 이론가(불충분한 구별이지만 [*어쨌든] 이렇게 이야기합시다)가 천진하다고, 헛된 가상들이나 만든다고 믿습니다. 저는 역사가가 옳은 것 같습니다.

데리다: [*처음부터] 출발하겠다, 영점에서 출발하겠다, 새로 출발하겠다. 이렇게 말하는 걸로 이루어진 철학적 제스처는 전부 천진한 요구들입니다 ― 데카르트가 그랬고 칸트도 후설도 각자의 방식으로 그랬습니다. 하지만 그 제스처들은 천진하고, 천진하리만치 무구한naïfs 것입니다. 그것들은 아르케arkhè를, 출발점을 재발견한다고 주장합니다. 하지만 이렇게 말해도 된다면, 그 제스처들은 무구할 수 있다고 믿고 있기 때문에 스스로 바라는 것보다 더욱 무구합니다. 무구함은 무구할 수 있다는 믿음으로, 마치 갓 태어나기라도 했다는 듯 탄생의 시점부터 출발할 수 있다는 믿음으로 이루어져 있습니다 (naïf 는 "갓 태어났음"을 뜻합니다). 저 표명된 천진함은 더 심원한 천진함을 감추고 있는 것입니다. 더 심원한 천진함은 이미 [*역사가] 시작되었는데도 [*영점부터] 시작할 수 있다는 믿음으로 이루어져 있죠.

제가 저 자신이 어떤 면에서는 천진하다고 말할 때, 이는 방금 논한 태도보다 더 겸허하면서도 간교한 것입니다. 그게 더 간교한 이유는 제가 방금 말한 내용을 제가 고려하기 때문입니다. 즉 저는 천진할 수 있다고 믿기 위해서는 지나치게 천진해야 한다는 것을 고려합니다. 이것은 철학 안에서 절대적인 출발점을 자처하는 모든 것에 대한 해체적 비판을 전제하는 것입니다. 동시에 그게 더 겸허한 이유는 우리가 거기서 새로운 무언가를 마주하게 되기 때문입니다. [*이건 거부할 수 없는] 사실입니다. (방금까지 이야기했던 타자를 향한 개방을 환기시키는 것만으로도 그게 사실임을 보여줄 수 있습니다.) 나는 언제나 새로운 무언가를 마주하고 있습니다. 저는 알고 있습니다. 철학적으로는, 무구할 수 있다는 믿음이야말로 무구하다는 것을요. 하지만 동시에 매번 무언가가 절대적으로 새롭습니다. 예컨대 지금 우리의 대화에서 제가 당신이랑 말을 나누고 있지 않았다면, 오른편에는 바다를 두고서, 이 독특한 상황 속에서 절대적인 신선함을 느끼면서 새로이 말을 나누고 있지 않았다면 저는 말을 할 기력 자체가 없었을 것입니다…. 그리고 여기 저는 무장해제되어 있지요. 모든 것을 재개해야 합니다. 사물의 새로움에, 그리고 놀라움에 스스로를 노출시켜야 하죠. 하지만 타자에게서 도래하는 놀라움을 마주해야 할 때 정말이지 저는 천진한 젊음을 느끼게 됩니다. 텍스트들 각각을 마주할 때에도 사정은 마찬가지입니다. 그러니까 저는 간교함 없이 스스로의 무구함을 선언합니다. 그걸 처음으로 발견한다는 의미에서 말이죠. 더군다나 저는 새출발recommencement이라는 무한한 과업 앞에서라면 우리는 언제나 무구하다는 것을, 연령·성숙함·교양 등과 무관하게 그러하다는 것을 알고 있습니다. 이렇게 말해도 괜찮다면, 철학자와 철학사가에 관해 제가 일군 학식mémoire cultivée에 비추어 그렇게 알고 있는 것입니다. 그 어떤 반복도 도래하는 것의 새로움을 소진시키지 못할 것입니다. 체험의 내용이 전적으로 반복될 수 있다고, 동일한 사물, 동일한 사람, 동일한 풍경, 동일한 장소, 동일한 텍스트가 항상 되돌아온다고 상상할 수 있다손 치더라도 지금이 새로운 것이라는 사실만으로도 모든 것이 변화합니다. 시간이 흐른다는 사실temporalistation만으로도 우리는 시간에 대해 언제나 천진할 수밖에 없습니다.

페라리스: 그리고 장소에 대해서도 마찬가지로 천진할 수밖에 없죠. 쌍둥이의 성격이 같지 않다는 건 너무 당연한 일입니다. A는 B를 보고, B는 A를 보죠. 따라서 쌍둥이는 똑같은 것을 보고 있을 수가 없습니다. 절대적으로 그렇죠.

데리다: 쌍둥이에 대한 이야기가 모든 쌍duels에 대해 타당합니다. 무한한 사랑 속에서 망아忘我의 상태에 빠져 있는 연인 한 쌍을 상상해보십시오. 무한한 차이가 여기 있습니다. 시선이 서로 교차하고, 한 명이 보는 것은 다른 한 명이 보는 것과 완전히 다른 무언가입니다. 조화 속에서일지라도, 아주 공

생적이고 협화음적인 일치 속에서일지라도 말이죠. 내가 지금 보는 것은 당신이 보는 것과는 아무런 관계가 없고, 그래도 우리는 서로를 이해한다. 당신은 내가 당신에게 말한 것을 이해한다. 그리고 내가 당신에게 말한 것을 이해하려면 당신이 마주하고 있는 무언가[*즉 당신이 보는 바로서의 나]가 내가 당신을 마주하여 보고 있는 것 [*즉 내가 보는 바로서의 당신]과 아무런 관계를 맺지 않아야 할 필요가 있다. 그 둘이 통약 불가능해야 할 필요가 있다. 이 무한한 차이가 우리를 서로 천진하게 머물게끔, 언제나 서로 새롭게끔 만든다.

페라리스: 그럼에도 라이프니츠는 다음과 같이 말했죠. [*언제나, 어디서나] 모든 것이 우리의 것과 다르지 않다….

데리다: 맞는 말입니다. 하지만 틀리기도 했죠. 제가 방금 묘사한 것이 바로 단자론monadologie입니다. 저의 모나드monade 안에서라면, 제게 나타나는 바대로의 세계 안에서라면 저의 모나드와 당신의 모나드 사이에는 어떤 관계도 가능하지 않습니다. 이로부터 공가능성共可能性, 예정 조화 등을 사유하는 신이라는 가설이 도출되는 것이죠. 하지만 모나드들이 서로 대화할 때조차도 그것들 사이에는 아무런 관계가, 아무런 통로가 없습니다. 번역은 텍스트를 완전히 변경하죠. 이런 관점에서 볼 때 저에게 그건, 이렇게 말해도 좋다면, 신이 없는 라이프니츠주

의 같은 것입니다. 이는 어쨌거나 그 모나드들 안에서, [그] 극도의 유아론 안에서 신의 부름이 자리를 찾는다는 것을 뜻합니다. 신은 당신의 편에서 보는 동시에 저의 편에서도 봅니다. 절대적 제삼자처럼요. 그러니까 신은 거하지 않는 곳에 거합니다. 신이 거하지 않는 곳이 신의 자리입니다.

나폴리, 1994년 5월 25일.

V

어머니는 내게 내가 율리시스의 자식이라고 이야기했다. 하지만 나로서는 전혀 모르겠다. 누구도 스스로 제 아비를 알아볼 순 없으니.[1]

페라리스: "G., 당신은 제게 묻네요. 유대인들이 고해란 걸 알지 못하기 때문에 제가 글을 쓰는 것인지. 저는 거기에 이렇게 대답합니다. 나는 나에 관해 고해하지 않는다고, 나는 타자들에 관해 내가 나 자신도 모르게 물려받은 무게를 잴 수 없는 비밀들, 그래서 너무나도 무거운 비밀들을 고해한다고."[2]

데리다: 제가 어떤 비밀을 고백할 때 저는 비밀이 제 안에 있음을 알고 있습니다. 그러나 그것은 저의 것이 아닙니다. 그것

---

[1] 다음과 같은 V. 베라르Bérard의 번역도 참조. "내가 그의 자식이라고? … 어머니는 내게 말했다. 나는 잘 모르겠다. 자식은 어떤 징표로 아비를 알아보는가?"(*Odyssée*, Paris, Les Belles Lettres, 1996, Chant I, 215-215, p. 16)

[2] G. Bennington, *Circonfession*, in *Jacques Derrida*, Paris, Seuil, 2008, §36, p. 159 참조.

은 타자의 무심결inconscient로부터, 과오faute로부터 제가 물려받게 된 것이죠. 저는 타자의 과오를 제 안에 암호화하고 체내화해야 합니다. 제가 과오를 고백할 때 사실 저는 타자를 고백하는 것이죠. 프랑스어에서는 고해라는 단어에 중의성이 존재합니다. 그것은 한편으로는 비밀을 고해하고, 스스로를 고해하고, 범죄를, 예컨대 위증을 고해하는 것이고 다른 한편으로는 타자의 고해를 듣는 것, 고해를 듣는 신부를 대신하는 것입니다. 예컨대 제 어머니가 어떤 과오를 저질렀고, 그걸 제가 제 [안에] 비밀로 — 심지어 무의식적으로 — 간직한다고[3] 해봅시다. 제가 고해할 때, 스스로를 고해할 때 제 비밀을 고해할 때, 저는 타자를 고해하는 것이고 타자의 고해를 듣는 것입니다.[4]

어제 저녁 저는 증거와 증거 부재에 대해서 이야기했습니다. 증언할 수 없는 사실에 대해 증언한다는 것에 대해서 이야기했죠. 비밀스럽게 증언하는 것, 비밀이 있음을 증언하는 것. 그리

---

[3] 편집자: 타자본에서는 "제가 심지어 무의식적으로 비밀을 짊어진다고"라고 되어 있다.

[4] "확실히 뇌의 흔적들은 영혼의 느낌들 및 이념들과 함께 간다. 동물 정기의 동요는 신체 안에서는 전혀 만들어지지 않는다. 영혼 안에는 그것들에 상응하는 운동들이 없다. … 그런데 … 어미는 자식에게 자기 뇌의 흔적들을, 그리고 자기 동물 정기의 운동들을 물려준다. 그러니까 어미는 어미 자신이 겪었던 동일한 정념들과 느낌들을 자기 자식의 정기 안에 배태시키는 것이다. 결과적으로 어미는 자식들의 마음과 이성을 다양한 방식으로 손상시킨다."(N. Malberanche, *Recherche de la vérité*, Livre II, Paris, Galerie de la Sorbonne, 1991, Chap. VII, § IV, p. 212)

고 이 비밀은 내게 속하지 않는다는 것. 이때 아무래도 모순적으로 보이는 두 가지 사이에는 아무런 모순이 없습니다. 즉 고백aveu과 은폐dissimulation 사이에는, 고백과 그 대당對當 사이에는 아무런 모순이 없습니다.

페라리스: "다 알고 계신 하느님께 왜 고해하는가Cur confitemur Deo scienti."**5**

데리다: 비밀의 고해도, 증언도 알게끔 만드는 게 아닙니다. 타인에게 어떤 이야깃거리를 알려주고 가져다주는 게 아닙니다. 고백과 증언은 그 자체로 가치가 있는 수행적 행위입니다. 달리 말하면 저는 [*고해를 듣는] 타자가 [*이미] 알고 있다고 전제해야만 고백, 고해 혹은 증언 같은 행위의 순수성을 분리시켜 다룰 수 있습니다. 그러니까 앎의 [*차원에서의] 내용은 아무래도 상관없는 것이어야 할 필요가 있습니다. [*고해의] 이상적인 상황은 이런 것입니다. 타자는 모든 것을 이미 알고 있고, 나는 그에게 뭔가 가르쳐주는 게 없으며, 그럼에도 그 행위를, 즉 고해, 고백이라는 행위를 한다. 예컨대 타자는 내가 살해했다는 것을, 거짓말을 했다는 것을 알고 있고, 나는 타자

---

5 Augustin, *Confessions*, cité par G. Bennington, *Circonfession*, in *Jacques Derrida*, Paris, Seuil, 2008, §3, p. 124.

에게 아무것도 가르쳐주지 않습니다. 그럼에도 고백이나 증언은 이렇게 말하는 거죠. "그래요, 제가 거짓말을 했습니다. 저는 그걸 인정하고 이렇게 고백합니다." 신은 앞질러 모든 것을 알고 있습니다. 하지만 그 알고 있음 때문에 제가 말하고 고백하는 행위의 값어치가 없어지는 게 아닙니다. 그건 전이의 상황 아니냐고 당신은 말씀하시겠죠. 타자가 알고 있는 것으로 전제되니까요. 하지만 타자가 알고 있음이 전제된다고 해서 나의 말하는 행위가 부차적이 되는 건 아닙니다. 정반대로 그것이야말로 값어치가 있습니다.

페라리스: 증언에 대해 당신이 어제 말한 것과 관련해서 그것이 기술technique에 맞서 진정성authentique을 변호하려 한 것인지 물어볼 수도 있었을 것입니다. 그런가 하면 다른 [한편]으로 당신의 발표의 논리는 정반대 [쪽으로 정향되어 있었습니다]. 즉 진정성에 대한 요구가 제 근간을 기술 안에 두고 있다는 [증명]이었죠. 진리와 상상, 지식과 기억 사이의 차이를 요구하는 맥락에서 라일Ryle은 증인은 꼭 무언가를 기억하기 때문에 증인인 게 아니라며 다음과 같이 씁니다. "일이 벌어진 걸 어떻게 아는지 질문을 받는다면 증인은 그가 그걸 목격했거나 들었다고, 혹은 그가 목격하거나 들었던 것으로부터 추론했다고 대답할지도 모릅니다. 증인은 그가 알아낸 것을 망각하지 않음으로써, 알아낸 것을 기억함으로써 무슨 일이 있었는지 알아

냈다고 대답할 수는 없습니다."⁶ 제가 잘 이해했다면, [이와 반대로] 당신은 우리가 증인일 수 있는 것은 우선 우리가 망각하지 않기 때문이라고 주장한 것 같습니다. (『서명, 사건, 맥락』에서의 당신의 오스틴Austin 분석이 제시하는 기준들을 따라도 그렇게 보입니다. 그 분석은 플라톤과 아리스토텔레스의 차이를 재론하게끔, [*플라톤의] 상기에 대한 아리스토텔레스의 비판, 예컨대「기억과 상기에 대하여De memoria et reminiscentia」에서의 아리스토텔레스의 비판을 재론하게끔 만듭니다.) 이는 『존재와 시간』에서의 애도에 대한 규탄을 비판적으로 반복하게끔 만드는 것이기도 합니다.

데리다: 증언이 요구하는 듯이 보이는, 독특하고 대체 불가능하고 유일한 순수 현전으로서의 순간의 첨점尖點이, 즉 스티그메stigmé가 그저 분할될 뿐만 아니라 분할되어야 하고 반복되어야 하기에 진정성은 기술에 노출되어 있습니다. 하지만 여기서 기술은 한갓 진정성에 대한 위협, 부정적인 사고accident가 아닙니다. 그것은 진정성이라는 결과를 위한 조건이기도 합니다. 내가 만약 내 증언을 반복할 수 없었다면, 결과적으로 그 되풀이 가능성이 순간을 상처 내고 분할하는 것이 아니었다면 진리도 없었을 테고 증언의 가치도 없었을 터입니

---

6 G, Ryle, *The Concept of Mind*, London, Hutchinson's university library, 1949, p. 274.

다. 하지만 진정성이라는 가치는 그 가치를 위협하는 것처럼 보이는 바로 그것에 의해서, 즉 반복에 의해서 보장됩니다. 반복이 존재하자마자, 기술화technicisation의 가능성이, 그러니까 기록enregistrement하고 보관하고 이념화할 수 있다는 가능성이 존재하게 됩니다.

당신이 진정성과 기술이라고 부른 것들 사이의 관계들은 극도로 역설적입니다. 왜냐하면 통념과는 달리 그것들은 서로의 가능성인 동시에, 당연한 이야기지만, 서로의 위험이기 때문입니다. 되풀이 가능성이 진정성의 조건이 되는 즉시, 되풀이 가능성은 자신이 조건 짓는 바로 그것을 위협합니다. 그래서 우리는 결코 어떤 증언이 진정한지 증명할 수 없는 것이죠. 우리는 거짓됨이나 진실됨을 증명할 수 없습니다. 만약 누군가가 당신에게 이렇게 말한다 해봅시다. "나는 거짓말을 하지 않았어. 나는 참이 아닌 것을 말했지만 거짓말은 하지 않았어. 나의 의도는 기만적이지 않았어. 나는 틀린 증언témoignage faux을 제출하긴 했지만 거짓 증언faux témoignage을 제출한 건 아니었어." 당신은 그게 틀렸음을 결코 증명할 수 없습니다. 왜냐하면 그건 그 사람만의 사무로서 벌어지는 일이고, 믿음의 문제이자 의도의 문제이기 때문이죠. 우리는 거짓말이 거짓말임을 증명할 수 없습니다. 그것이 참이 아님을, 틀렸음을 증명할 수는 있죠. 하지만 거짓 증언은 [*의도된 거짓말이라는 것을] 증명할 수 없습니다. 이는 진정성과 되풀이 불가능성에 대해 방금 우리가 말했던 바와 결부됩니다.

페라리스: 아무도 다른 누군가의 개별성을, 그의 비밀을, 그의 머릿속에서 벌어지는 일을, 거기서 뭔가가 벌어지긴 하는지를 알 수 없습니다. 이건 아우구스티누스부터 슐라이어마허까지 아우르는 중차대한 주제지요("개별적인 것은 형언 불가능한 것이다"). 비트겐슈타인은 『철학적 탐구』에서 정신적인 실험을 제안합니다. "어떤 사람이 여태껏 문자로 또는 구두로 계산한 적이 없는데도 머릿속에서 계산하는 법을 배웠다고 생각될 수 있을까?" 그런데 — 그럴싸한 가설인데 — 어떤 부족들은[7] 그리 하는 것 같기도 하다. "여기서 우리는 '그런 상태는 어떤 모습이 될까?'를 자문하지 않으면 안 된다."[8] 누군가가 내게 물을 수도 있다. "그러나 어째서 당신은 당신 자신을 그렇게 거의 신뢰하지 않는가? 당신은 좌우간 그 밖의 경우에는 언제나 '계산한다'는 것이 무엇인지 안다. 그러므로 만일 당신이 상상 속에서 계산했다고 말한다면 그건 정말 그럴 것이다. … 그리고 더 나아가 당신은 다른 사람들과의 일치에 언제나 의존하지는 않는다. 왜냐하면 당신은 종종 당신은 다른 누구도 본 적

---

[7] 편집자: 타자본에서는 "tribous"[*로 오기되어 있다].

[8] L. Wittgenstein, *Philosophical Investigations I*, trad. G.E.M. Anscombe, Oxford, Blackwell publishers, 1958, §385, p. 118. [*이 책에서는 이영철의 번역을 따랐다. 루드비히 비트겐슈타인, 『철학적 탐구』, 이영철 옮김, 서광사, 1994.]

이 없는 어떤 것을 보았다고 보고하기 때문이다."⁹ 비트겐슈타인의 답은 자신은 스스로를 믿는다는 것입니다. 머릿속에서 덧셈을 했다고 말하는 데에 거리낌이 없죠. 하지만 문제는 이를테면 증인을 위해 증언하는 자는 없다*는 데에, 외재적인 유비類比들을 제외하면 무언가 사유 같은 것이 머릿속에서 이뤄진다는 사실에 대한 증인이 없다는 데에 있습니다. 모종의 방식으로 이건 코기토의 고립입니다. 아닌 게 아니라 우리는 데카르트를 이렇게 비난하곤 했습니다. 동물을 자동기계로 환원시킨다면 인간들이 자동기계가 아니라는 걸 증명해야 하지 않는가? 비트겐슈타인 역시 외재적인 증언 전체에 대해서 의구심을 가지고 있습니다. "나는 그의 증언을 받아들일 수 없다. 왜냐하면 그것은 증언이 아니기 때문이다(Ich kann sein Zeugnis nicht annehmen, weil es kein *Zeugnis* ist)."¹⁰ 그리고 이렇게 씁니다. "깊은 측면은 쉽게 달아난다."¹¹

데리다: 당연한 소리지만 개인성이라는 주제가 존재합니다. 형언 불가능성이라는 문제 말이죠. 하지만 여기서 관건은 내

---

9   *Ibid.*, § 386, p. 118.
*   프랑스어판에는 Niemand zeigt für den Zuge로 되어 있으나 이는 첼란의 시구 "Niemand / zeugt für den / Zeugen"의 오기로 보인다.
10   *Ibid.*, § 386, p. 118.
11   *Ibid.*, § 387, p. 118.

가 나를 타자의 자리에 놓을 수 없다는 사실입니다. 나는 그럴 수 없다는 사실, 후설식으로 말하자면 나는 타자의 지향[*의도]에 직관적으로는 가닿을 수 없다는 사실 말이죠.

페라리스: 다른 한편으로 이건 코기토와 그 형언 불가능성에 대한 이야기라기보다 공적 언표[*와], 그 형언 가능성에 대한 이야긴데, 범례성exemplarité이라는 물음이 제기됩니다. 범례란 절대적으로 독특하면서 보편적인 것이죠. 증언은 범례적이어야 합니다. 당신은 이를 강조했죠. 동시에 당신은 예시성exemplarité이라는 관념에 내장된 아포리아를 강조했습니다. "*Beispiel*(일례)이라는 독일어는 *Exempel*이라는 단어와 등가로 종종 사용되지만 동일한 의미를 지니지는 않는다. 어떤 표현을 설명하기 위해서 일례를 끌어오는 것은 무언가를 범례(*Exempel*)로 드는 것과 서로 완전히 다른 관념이다. 실천 법칙이 실천 가능하거나 가능하지 않은 행위를 표상하는 한 범례(*Exempel*)는 그 특별한particulier 경우다. 역으로 일례(*Beispiel*)란 개념적(*abstractum*) 보편에 포섭되는 것으로 표상된 개별particulier(*concretum*)에 불과하다. 그것은 어떤 개념의 이론적 드러남에 불과하다."[12] 그럼에도 칸트는 그리스도를 범례로

---

[12] E. Kant, *Métaphysique des mœurs*, tome III, trad. J. et O. Masson, in *Œuvres philosophiques*, Paris, La Pléiade, 1986, p. 777.

들기보다는 일례Beispiel로 들죠? [*칸트에게] 그리스도는 "진정으로 신성한 의도들에 의해 인도된 인간"¹³이었습니다. 이를테면 지상에 내려와 "그리스도는 그 교설·행실·고통을 통해서 신에게 흡족한 인간이란 무엇인지 일례(*Beispiel*)가 되었다."¹⁴ 그리스도는 한갓 인간이기에 지상에 내려왔다는 건 말하자면 그렇다는 소리입니다. 그렇지 않았다면 그리스도는 예시로서 성립하지 않았을 테고, 심지어는 인간[으로서조차] 썩 좋지 않은 예시로 남았을 겁니다. 혹은 그릇된 예시라고나 할까요? 왜냐하면 그리스도는 어쨌거나 제 인간성 안에서일지라도 초인적이어서 "일례로서(*zum Beispiel*)"는 제시될 수조차 없는 신성한 인간(즉 *theios aner*라는 의미에서의 *göttliche Mensche*)이기 때문이죠.¹⁵

데리다: 그렇습니다. 증언이라는 이념은 범례성을 요구합니다. 범례성이란 물론 절대적 독특성이죠. 증언은 한 번 벌어진 어떤 일에 관해서 한 번 벌어지는 것입니다. 증언은 유일unique하고 대체 불가능한 것이죠. 이게 순간의 논리입니다. 하지만 이 유일성unicité은 즉시 제 대당과 대립합니다. 나는 내가 대체 불가능한 바로 그 지점에서 대체 가능할 수 있어야

---

13 E. Kant, *La religion dans les limites de la simple raison*, tome III, trad. A. Philonenko, in *Œuvres philosophiques*, Paris, La Pléiade, 1986, p. 79.
14 *Ibid.*
15 *Ibid.* p. 80.

한다. 내가 "저는 당신에게 제가 거기서 본 것을 진실하게 고합니다"라고 말할 때 이는 다음을 뜻한다. 1) 누구든 나의 자리에 있었다면 같은 것을 봤을 것이다. 그래서 내가 말하는 것은 참이다. 2) 나는 그 유일한 진술을 보편적으로 또 무한정하게 반복할 준비가 되어 있다 — 이에 그 진술은 보편화 가능한 것이 되고, 따라서 유일한 것이 보편적이게 되고 보편화 가능하게 된다. 범례성의 도식에는 증언이 전제됩니다.『윤리형이상학』에서 타자에 대한 나의 존경이란 법칙을 준수하는 범례로서의 누군가에 대한 나의 존경입니다. 나는 다른 인격을 유일한 자로서 존경하죠. 그러나 동시에 그 사람은 법칙을 준수하는 유한자의 일례exemple에 불과하며, 존경은 [*그 개인이 아니라] 법칙으로부터 유래하는 것입니다. 이로써 저는 범례exemple라는 물음이 이런 의미에서 도덕법칙과 내재적으로 연결되어 있음을 강조하고자 합니다. 증언이 그러한 것과 마찬가지지요.

더군다나 그것은 증언이라는 물음이 사건 [*이라는 개념]과 관계 맺으면서 생기는 어떤 역설이기도 합니다. 증언은 무언가가 벌어진다는 것을, 그 벌어짐이 환원 불가능함을 함축합니다. 하지만 동시에 사례는 그것이 일례적이고 따라서 보편화 가능한 한 더 이상 사건을 필요로 하지 않습니다. 제가 어제 읽은 블랑쇼의 텍스트는 현실에 정박하고 있습니다. 그건 정말로 그에게 벌어진 일이죠. 하지만 동시에 그가 살아남기survie와 죽음에 관해 말하는 모든 것은 그런 일이 정말로 벌어지지 않았어도 말해질 수 있었던 것입니다. 이 사건은 모종의 방식으로 어떤 구조를 예시로 씁니다. 블랑쇼가 이 서사histoire 안에서 기술하고 있는 것은 하이데거가 불가능의 가능성으로서의 죽음과의 관계에 대해 기술한 모든 것입니다. 어떤 의미로는 총살을 당할 뻔해야만 불가능의 가능성을 사유하고 언명할 수 있는 게 아닌 셈입니다. 그럼에도 증언이 존재했습니다. 왜냐하면 [*구체적인] 날짜가 박힌 사건événement daté이 존재했기 때문이죠. 하지만 이 사건은 비非사건입니다. 이 사건 안에서 그가 이야기하는 것은 근본적으로는 아무것도 벌어지지 않았다는 것[*총살은 집행되지 않았다는 것]이거든요.

어제 저는 이 텍스트의 지위에 대한 물음을 제기하지 않은 것을 후회했습니다. 이것은 문학인가 아닌가? 이 설화는 실제로 모리스 블랑쇼에게 벌어진 사건에 관한 이야기로도, 문학적인 허구로도 간주될 수 있습니다. 사람들은 그게 진짜vrai가 아니라고, 블랑쇼가 그에게 벌어질 수도 있었던 일을 상상했을 뿐이라고 말할 수도 있습니다. 그리고 누가 그 진리치를 보장하겠습니까? 우리는 그 텍스트가 [*진짜 있었던 일의] 증언인지 [*창작된] 허구인지 알 수가 없습니다. 나아가 그 텍스트는 문체상으로도 회고적 허구라는 듯이 굽니다("내가 알고 지내던 그 젊은이" 등). 블랑쇼는 텍스트의 저자지만, 블랑쇼와 화자가 동일하다는 보장은 없습니다. 텍스트의 내부에서조차 여러 국면을 구별해야 합니다. 화자가 마지막 문단에서 나중에 말로Malraux를 만나게 됐다고 말할 때 우리는 그게 모리스 블랑쇼라는 인상을 받게 됩니다.

페라리스: 말로는 그걸 부인할 수 없을 테죠.

데리다: 말로도 폴랑Paulhan도 그럴 수 없습니다. 그건 비밀이죠.

페라리스: "그러나 차연différance은 현재적-존재자의 현전화現前化를 가능하게 하는 것으로서 존재한다.* 그렇다면 차연은 그 자체로는 결코 현전하지 않는다."16

데리다: 물론입니다. 차이는 현전하지 않습니다. 혹은 자연

---

* 여기서 데리다는 '존재한다'는 말을 취소하면서 사용하고 있다. 하이데거적인 연원을 가지고 있는 이와 같은 취소rature는 실은 해체론 전체를 규정하는 철학적 제스처다. '현전의 형이상학'을 해체할 때 데리다는 형이상학의 역사에 속하는 자원을 몽땅 내다 버리는 것이 아니다. 해체가 무로부터의 창조가 아니고 어디까지나 철학사 안에서 이루어지는 실천인 한에서, 기왕의 자원을 활용하되 그대로는 활용하지 말아야 한다는, 다르게 활용해야 한다는 필연성이 존재하는데, 취소는 이처럼 철학적 상속물이 활용되는 기묘한 지위를 표시하기 위한 한 가지 방법이다.

16 J. Derrida, *Marges de la philosophie*, Paris, Éditions de Minuit, 1972, p. 6.

은 그걸 감추고자 하지요. 하지만 비밀은 단지 감추기가 아닙니다. 영업 비밀, 고해성사에서의 비밀, 군사 비밀, 정치적 비밀, 비밀경찰, 소설에서의 비밀 등등 비밀의 의미론 전체는 당신이 방금 언급한 일반적 가능성보다 더 [*세밀하게] 규정된 가능성들입니다. 정치적인 것, 공적이거나 사적인 영역들은 각별한 관심사인데요, 비밀은 사적인 것으로 환원되지 않습니다. 정치는, 민주주의는 비밀의 가능성을 가지고 뭘 해야 할까요?『우정의 정치』에 [*인용된] 칸트의 텍스트들 중에는 비밀, 선험적 비밀에 관한 것도 있고, 의식하고 있으되 지켜지고 있는 비밀에 관한 것도 있습니다. 세미나에서 저는 선험적인 비밀을 무의식이나 검열 등과 접합시키려고 시도했습니다.

페라리스: 당신이 환기시킨 이유들로 [*비밀의] 두 차원, 즉 파이네스타이phainesthai의 무의식적 가능성으로서의 비밀과 의식하고 있으되 지켜지고 있는 비밀이 통합됩니다. 현상학과 비의occultisme, 의식과 무의식, 능동성과 수동성이 항상 그렇게 되듯이 말이죠.[17] 초월적 상상은 "세 번째 항"입니다. 명증의 조건이자 신비의 조건인 제삼자죠. 칸트가 반복해서 말하듯 도식론이 하나의 신비이기 때문입니다. 저는 신비 자체

---

17 *Marges de la philosophie, cit.*, p. 91, 그리고 *Écriture et différence*, Paris, Seuil, 1967, p.332 참조.

le mystère라고 말하겠습니다. "현상들과 그것의 순전한 형식에 관계하는 우리 지성의 도식 기능은 인간 마음의 깊은 곳(*in den Tiefen*. 이건 『철학적 탐구』(§387)에서 비트겐슈타인이 쓴 표현이기도 합니다. Der *tiefe* Aspekt entschlüpft leicht)**18**에 숨겨져 있는 기술(*verbogene kunst*)로서 우리가 이 기술의 참된 운용 방법을 있는 그대로 알아내서 우리 눈앞에 노정시킨다는 것은 언제고 어려운 일이다."**19**

하지만 의식의 층위에서조차 물음은 복잡해집니다. 최소한 칸트적인 용어들로 하면 그렇습니다. 검열은 오로지 드러나는 현상과만 연관됩니다. 그래서 국가는 가시적인 정치 공동체로서 교회를 감시할 소극적 권리를 가지고 있습니다**20** — 시민적 검열은 종교적 검열보다 더 가벼운 것입니다. 왜냐하면 국가는 "개인이 자기가 보기에 좋다 싶은 것을 비밀스레 생각하는 것을 막지 않기"**21** 때문입니다. 계몽Aufklärung에 관한 글에서 계몽주의적인 주권의 규칙으로 제시된 것은 다음과 같습니다. 생각하고 싶은 대로 생각하라, 그러나 복종하라. 하지만 그때 종교적 검열은 인간의 내면에서 언제나 역설적인 형태

---

18   L. Wittgenstein, *Philosophical Investigations I*, *cit.*, §387, p. 118.
19   E. Kant, *Critique de la raison pure*, tome I, *cit.*, p. 887[임마누엘 칸트, 『순수이성비판』, 백종현 옮김, 아카넷, 2006, B180].
20   E. Kant, *Métaphysiques des mœurs*, tome III, *cit.*, p. 596.
21   E. Kant, *La religion dans les limites de la simple raison*, tome III, *cit.*, p. 163.

로, 즉 의지적 망각이라는 형태로 당신이 지향성intentionnalité과 관련해서 강조했던 그 모든 아포리아와 더불어 실행되지 않을까요? 로크에서 출발해서 피히테에 이르기까지, 나아가 프로이트와 그 너머에 이르기까지 이 점과 관련해서 말할 점이 너무 많다는 걸 당신이 나보다 잘 알고 있겠죠.

데리다: 어떤 면에서 저는 도식론을 여러 사례 가운데 하나로서만 특권화할 뿐입니다. 우리는 통상적으로 제삼항들, 혼합물들, 매개항들을 찾아볼 수 있습니다. 그것들은 예컨대 '감성적인 것 대對 지성적인 것'처럼 대립하는 두 항 모두에 참여하는 것으로 대립을 실패시킵니다. 철학의 역사 안에는 다른 사례가 숱하게 있습니다. 이는 상상 일반에 대해서도 참이죠. 하지만 제삼항들, 결정 불가능자들은 모두 그것을 닮았습니다. 확실히 칸트에게 도식론은 특히 흥미로운 것이었는데, 이는 그것이 시간과 관련해서, 그리고 수동-능동 관계와 관련해서 중차대한 역할을 담당하고 있었기 때문입니다.

페라리스: 로고스를 통해서 도식론이 해석되게끔 만든 언어적 전회轉回에 대해서는 뭐라고 말씀하시겠습니까? 그것은 로고스 중심주의의 과장법을 창설했죠. 그로 인해 우리는 한편으로는 플라톤적 에이도스eidos 및 아리스토텔레스적 모르페morphè를 비롯한 비언어적 이념화의 광대한 장을, 다른 한

편으로는 수학을 비롯한 비언어적 합리성의 현상 전체를 시야에서 상실했습니다. 당신은 『그라마톨로지』에서 수학은 음성 언어였던 적이 없음을 강조했죠. 인간의 내면에서는 이미지와 말씀verbum이 하나의 체험에 불과하다는 사실은 아우구스티누스의 『삼위일체론』[22]의 심원한 교훈입니다. (이는 경험으로 다음과 같이 입증됩니다. 기억의 층위에서 우리는 기억하고 있는 무언가가 봤던 것인지 읽었던 것인지 어디서 전해 들었던 것인지 잘 분간하지 못한다.)

데리다: 제가 해체라는 이름을 제안했던 식의 접근에서 저의 첫 번째 발걸음은 언어학과 로고스 중심주의의 권위를 의문에 붙이는 것이었습니다. 결과적으로 그건 언어적 전회Linguistic Turn에 맞서는 것이었습니다. 언어적 전회는 당시 구조주의라는 이름 아래 이미 진척되는 중이었죠. 역사의 아이러니라고도 할 수 있겠는데, 좀 곤란했던 것은 제가 "텍스트 바깥은 없다"고 썼기 때문에, 제가 흔적의 사유를 개진했기 때문에 그것을 언어에 관한 사유라고 해석할 수 있다고 믿은 이들이 있었다는 사실입니다. 특히 미국에서 그랬죠. 하지만 정확

---

[22] Augustine, *De Trinitate*, trad. P. Agaësse, in Œuvres de Saint Augustin, Livre XV, Paris, Études Augustinieenes, 1991, p. 469: "foris enim cum per corpus haec fiunt, aliud est locutio, aliud visio: intus autem cum cogitamus, utrumque unum est."

히 그 반대입니다. 사람들은 해체를 언어적 전회 안에 기입해 넣었습니다. 그것이 정확히 언어학에 대한 반발임에도 불구하고 말이죠. 이는 철학이나 문예비평 안에서는 물론이고 역사 안에서도 모호함을 야기했습니다. 역사가들, 역사 인식론자들이 존재했습니다(클리포드 기어츠Clifford Geertz, 헤이든 화이트Hayden White 등). 그들은 역사 안에서 언어적 전회를 수행하려고 시도했죠. 사람들은 그들을 제 작업의 곁에 두었지만 제 생각에 그건 무척 부당한 것이었습니다. 고전적인 역사가들보다는 그들이 저와 더 친연親緣할 수야 있겠지만요. 어쨌든 저는 힘닿는 데까지는 언어학과 수사학의 한계를 표시해두고자 했습니다. 폴 드 만Paul de Man과의 깊은 논쟁은 바로 그 지점에서 있었던 것입니다. 이런 표현을 당신이 용인해준다면 말이지만 그는 해체를 더 "수사학적"으로 해석했죠.

당신도 알고 있듯이 저는 언어나 수사에 관한 물음들에 커다란 흥미를 품고 있었습니다. 그리고 거기에 상당한 부분을 할애했죠. 하지만 최종 심급의 구속력autorité이라는 게 수사적이지도 언어적이지도 않은 지점, 심지어는 담화적이지도 않은 지점이 존재합니다. 흔적이라는 개념, 텍스트라는 개념은 언어적 전회의 한계들을 표시하기marquer 위해 만들어졌습니다. 제가 언어langage보다는 표지marque에 대해서 논하기를 선호한 것도 이 때문입니다. 무엇보다도 표지는 인간학적anthropologique이지 않습니다. 표지는 언어의 가능성이고, 선先언어적입니다.

이물이나 타자와의 관계가 있는 모든 곳에 표지가 존재합니다. 그렇게 존재하기 위해서 표지에 언어가 필요한 것이 아닙니다.

제가 "로고스 중심주의"라는 말을 사용하기 시작했을 때, 그걸 해체의 주제로 삼기 시작했을 때 저는 로고스 자체에 대해서는 생각하지 않았습니다. 그걸 쓰던 시기에 저는 그보다는 구조주의 내에서의 언어 일반 및 담론의 로고스 중심주의를 생각하고 있었습니다. 이후에 그것은 확장되었는데, 로고스의 권위나 특권을 지시하기 위해서가 아니라 로고스에 대한 특정한 해석의 권위나 특권을 지시하기 위해서였죠. 이런 관점에서 보면, 당신이 용인해주신다면 말이지만, 로고스 중심주의란 무척 서구적인 것입니다. 실질적으로 음성 중심주의가 모든 에크리튀르 안에, 특히 입말과 문자의 관계 안에, 그 관계의 해석 안에, 문자 일반 안에 들어 있으니까요. 인간화의 경제적 국면에서, 그런 특정한 순간에 목소리의 권위는 도처에서 재발견됩니다. 로고스 중심주의가 음성과 연결되어 있고, 또 서구에서, 그리스의 [*자장하에 있는] 서구에서 로고스의 권위와 연결되어 있는 한 그렇습니다. 여기서 역설은 제가 언어적 헤게모니를 해체하고자 했음에도 불구하고 제 작업이 언어학[*중심]주의처럼 제시되곤 한다는 데 있습니다. 이렇게 말하고 보니, 당신이 옳습니다. 그건 중심이 아닙니다. 행여나 중심이란 게 있다면 말이죠.

이념화에 대한 분석이 당신이 방금 언급한 에이도스 같은 개념 안에서 작동하고 있습니다. 되풀이 가능성과 마찬가지로 감성적 개체individu sensible의 구체적 육신이 와해되는 것을 허락하는 이념화를 저는 해체적인 개념으로 사용했습니다. 그리스어로 에이도스란 우선 감성적 형태figure, 감성적 윤곽, 형상forme이었다가 감성적이지 않은 형태를 일컫게 되었지요. 에이도스 그 자체 내부에서의 이념화, 은유화métaphorisation라고 불릴 만한 절차가 존재합니다. 우리는 이를 플라톤적인 방식으로도 플라톤적이지 않은 방식으로도 해석할 수 있습니다. 하지만 이념화라는 용어를 사용한다면 우리는 해체될 수 있다고 간주하는 바로 그것, 즉 에이도스 혹은 에이도스의 관념론, 혹은 시각의 특권, 은유적 시각의 특권, 객관성의 특권이 구성되고 있는 장소에서 [*자원을] 길어내기를 멈추지 않는 것입니다. 이념화라는 개념은, 해체의 절차 내부에서 제가 활용하는 대로라면, 플라톤에서 출발해서 후설에 이르는 어떤 플라톤주의로부터, 즉 감성적-비감성적 직관의 형식을, 혹은 비감성적이게 된 직관의 형식을 특권화하는 플라톤주의로부터 차용됐다는 점에서 역설적입니다.[23]

여기에 눈œil이라는 물음이 있습니다. 저는 이념화idéalisation

[23] "어째서 우리는 플라톤주의나 그 전복에 대해서 묻기를 멈추는가? 그때 이후로 그 물음이 우리를 좀 피곤하게 하기 때문이다."(J. Derrida, *Politiques de l'amitié*, Paris, Galilée, 1994, p. 189)

를 관념론적idéaliste이지 않은 방식으로 해석하기를 시도합니다. 플라톤적이지 않은 방식, 후설적이지 않은 방식으로 해석하려는 것이죠. 저는 여기저기서 이념화의 필연적 실패를 표시하고자 했습니다. 실패가 성공만큼이나 제게는 흥미롭습니다. 당신은 「만짐Le toucher」이라는 제목의 [*저의] 글을 모를 수도 있겠습니다. 그 글은 장-뤽 낭시Jean-Luc Nancy와 아리스토텔레스에서의 감각sens을 다룬 『파라그라프Paragraphe』지 특별호에 실린 것으로 영어로만 출간되었습니다.

페라리스: 만짐이란 아리스토텔레스의 경우에도 이미 시각만큼 이념화하는idéalisant 것이었죠.

데리다: 그렇습니다. 하지만 만지면서-만져진다touchant-touché는 구조가 존재합니다. 보는voir 것은 꼭 보여지는 것être vu이 아니죠. [*그와 달리] 만지는 것은 그 대상에 의해 만져지는 것être touché을 뜻합니다.

페라리스: 당신이 『목소리와 현상』에서 분석한 대로의 구조, 즉 "스스로 들으면서 말하기s'entendre parler"라는 구조로 되돌아갈 필요가 있습니다. [*감각과 의미를 모두 뜻하는] "sens"라는 용어의 놀라운 애매함이 의미[*감각]의 영역 전체를 다스리고 있습니다.[24]

24 G. W. F. Hegel, *Vorlesungen über die Ästhetik*, I, Frankfurt, Éditions Suhrkamp, trad. K.M. Michel et E. Moldenhauer, 1986, p. 173 참조. "곧 'Sinn'은 이처럼 놀라운 단어로서 그 자체로 두 가지 대립적 의미로 사용된다. 어떤 때에는 직접적인 포착[*파악]의 기관들을 가리키지만, 다른 때에는 의미, 사상, 사태에서 보편적인 것을 일컫는다. 그래서 Sinn은 한편으로는 직접적으로 실존에서 외면적인 것에 관련되고, 다른 한편으로는 실존의 내적 본질에 관련된다."

VI

바티모: 에세이essai를 전적으로 혼자서 쓸 때 저는 스스로를 잘 정당화할 수 있습니다. 누군가 제게 전화를 걸어 글을 부탁했다는 식으로 말이죠. 그러나 다른 누군가와의 작업에는, 예컨대 지금 여기에서의 우리의 대화dialogue 내지는 삼자대화trilogue에는 언제나 문제가 있습니다. 우리가 지금 무슨 짓을 하고 있는지, 왜 이런 짓을 하고 있는지 생각하게 되는 것이죠. 예컨대 카프리섬에서의 작업은 편집을 위한 발상idée에서 촉발됐습니다. 그럼에도 편집자의 경제적·실제적 발상과 종교를 주제로 선택하게 됐다는 사실fait 사이에는 어쨌거나 간극이 존재했습니다. 이 물음은 각자의 작업을 정당화하는 문제, 다른 이들의 작업을 정당화하는 문제에 회고적으로 되비쳤습니다. 당신의 작업들에 대해 제가 줄곧 궁금해하던 점은 이런 것입니다. 『그라마톨로지』의 서두에는 몇몇 중요한 정당화가 있는데, 거기서 일어난 일은, 일어나고 있었던 일은 무엇인가요? 제게도 동일한 문제가 있습니다. 왜 하필 해석학을 하는가? 최소한 공동 작업을 하기 위한 주제를 선택할 때 왜 하필 해석학을 골랐는가? 그리고 당신이 하는 부류의 해체 작업은 [*공동 작업

이라기보다] 개인적인 활동이라고 생각되며, 우리는 그것을 문학적이거나 창조적인 성격의 시도들essais로서 논하곤 합니다.

데리다: 그 질문은 저를 좀 놀랍게 하는군요. 하지만 꼭 필요한 질문인 것 같기도 합니다. 저는 다음과 같이 두 가닥의 실을 묶어보겠습니다. 하나는 제가 다음과 같은 질문을 마주하려 든다는 것, 혹은 다음과 같은 질문 앞에 선 저 자신을 발견한다는 것입니다. 오늘 무슨 일이 일어나고 있고, 무엇이 벌어지고 있는가? 만약 제가 공적으로 말해야 하고 써야 한다면 저는 오늘 독특하게 일어나는 일이 무엇인지 고려해야 할 것입니다. 종교를 예로 들겠습니다. 중차대한 물음이고, 아주 오래된 물음이죠. 그 무한한 풍요로움은 매번 우리를 넘어섭니다. 세계적 수준의 서고書庫죠. 우리는 이 물음에 진지하게 착수할 수 없습니다. 특히나 친구들끼리 이틀 만나는 걸로는 말이죠. 어쨌거나 제게는 수천 년에 걸친 장구한 전통에도 불구하고 오늘날 무언가 독특한 것이 벌어진다는 느낌이 있습니다. 전대미문의 무언가가, 우리가 책임져야 하는 무언가가, 스스로의 입지를 정할se situer 때 그것과의 관계를 생각해야 하는 무언가가 말이죠. 세계 전역에 그 징표들이 있죠. 그리고 저는 생각했습니다. 우리의 지금-여기를 식별하는 데에, 지금 우리의 "역사적" 상황situation 내에서의 새로운original 무언가를 식별하는 데에 종교가 최악의 실마리는 아니라고요.

두 번째 실을 끌어오겠습니다. 이를 위해 저는 당신의 물음에서 두 번째 부분, 즉 당신이 "사람들은 당신더러[*즉 데리다더러] 좀 특이하게 쓴다고, 당신이 미학적이거나 시학적인 데 신경을 쓴다고 평합니다"라고 말한 부분에 대답해보겠습니다. 저는 미학적 — 미학적이라는 용어를 별로 좋아하지는 않습니다만 — 이라고 수식될 만한 염려를 갖고 있습니다. 저는 구성composition에, 형식에 관심이 있어요. 거기에는 단지 미학적인 연원만 있는 것이 아닙니다. 세계적 사건의 독특성을 마주하여 저는 그걸 독특한 방식으로, 저의 서명을 가지고서 저의 방식으로 책임져야 합니다. 그건 미학적 물신物神이 아닙니다. 책임성을 받아들이기 위한 것이죠. 그런 일이 제게 벌어집니다. 저는 제 언어로, 제 연배에, 저의 역사를 가지고서, 저의 필치를 가지고서, 제가 쓰는 방식, 문자들을 만들어내는 방식을 가지고서 응답하고 책임져야 합니다. 그게 읽을 수 없는 것이라 할지라도 말이죠. 당연하게도 발명해야 합니다. 허구가 아니라 수행적인 것을 발명해야 하죠. '주어진 상황에 대한 나의 응답이 여기 있다.' 만약 그것이 하나의 서명이라면 서명 자체가 그 나름의 방식으로 사건이 될 필요가 있습니다. 거만하게 굴려는 건 아닙니다. 하지만 서명의 형식은 그저 사실을 확인constater하는 데 그칠 수 없습니다. 그것은 책임을 지는 다른 모든 행위처럼 참여하는s'engager 형식을, 판돈을 내놓는donner un gage 형식을 취해야 합니다. 저의 글쓰기에 대한 관심, 형식·수사·정치에 대한 관심은 이렇게 해명될 것입니다. 이건 윤리-형이상학적이거나 윤리-법학적인 고귀한 의미의 책임성에 대한 관심으로 국한되지 않습니다. 그것은 증언·유언에 대한 관심이고, 특정한 모양을 지니고서 모습을 드러내는 무언가를 내놓는 일에 대한 관심입니다. 아름다움이란 중차대한 물음이고, 저는 그걸 급하게는 다룰 수 없습니다. 저로서는 이 책임성이, 이 서명이 특정한 형식을 지녔으면 하고 바랍니다. 이 형식이라는 구조 안에서 저를 인도하는 것은 뭘까요? 그걸 잘 말하지는 못할 것입니다. 하지만 고유명이나 차려입고 모습을 드러내는 방식이 구성에 대한 염려와 관계가 있다는 건 참입니다. 이게 이런 형식[*모양]을 지녔으면 좋겠다, 보라. 저는 그걸 미학적이라고 수식해야 할지 잘 모르겠습니다. 그 경우 그게 뭘 뜻하는지 잘 모르겠거든요. 그건 욕망, 아름다움, 성sexe, 죽음과 관계가 있습니다.

바티모: 철학과 시작법poésie 사이의 전통적 구별은 시작법에는 선결적인 정당화가 없다는 사실 안에서 감지될 수 있습니다. 하이데거는 『존재와 시간』을 개시하면서 존재 망각의 물음을 제출하는데, 플라톤을 인용함으로써 그 정당화의 기반을 모색합니다. 플라톤은 전체 상황을 "기술description"하기 위한 지표겠죠. 형식에 대한 [*당신의] 응답이 두 번째 실이었습니다. 하지만 중요한 것은 첫 번째입니다. 무언가 일어나는 것, 나를

부르는 것이 있다는 사실 말이죠. 전통적인 철학적 응답에 따르면 우리는 [*주어진] 상황을 기반으로 삼아 출발점을 정당화합니다. 그런 연후에 물음은 서술적descriptif으로 다루어지죠. 존재의 구조가 가능한 한 충실하게 서술됩니다. 사람들이 거기 동의하게끔 말이죠. 그러나 응답이라는 관념은 — 당신의 관점에서, 그리고 어쩌면 우리 모두가 속해 있는 그런 관점에서 — [일치adéquation를 통해서는]¹ 정당화될 수 없습니다.

데리다: 벌어지는 일은 스스로를 해체하면서 벌어진다ce qui arrive, arrive en se déconstruisant는 점을 저는 정확히 해야 했습니다. 해체하는 자는 내가 아닙니다. 제가 해체라고 부르는 무언가가 세계의, 문화의, 철학적 전통의 체험에 들이닥칩니다. 그건 스스로 해체됩니다. 그건 잘 굴러가지 않습니다ça ne va pas. 무언가가 동요합니다. 탈구되는 중인 무언가가, 분리되는 무언가가 있어서 저는 그걸 인지하는 데서 출발합니다. 무언가가 스스로 해체되고, 그것을 책임져야 합니다. 『그라마톨로지』에 관한 제 작업의 앞부분에서 저는 다음과 같이 사실을 확인하는 식으로 출발했습니다. 오늘날 언어는 하나의 영역이 아닙니다. 그것이 공간 전체를 장악했다. 그것은 제한 없이 확장되어 군림하고 있다. 그리고 바로 그 동일한 순간에 체험의 도

---

1   편집자: 타자본에서는 "그 일치의 방식으로는".

상적graphique 구조가 침투해 들어옴에 따라 언어는 에크리튀르가 되었다. 저는 일상의 삶, 정치적인 삶, 유전자, 원격 소통 등과 연관된 몇몇 사례를 제공했습니다. 그건 세계에 대한 사진, 이미지 같은 것이었습니다. 스스로 와해되고 있는 중인, 변이 중인 어떤 세계의 이미지였죠.

제 텍스트들 중 많은 것은 선결적 정당화 없이 시작된다는 인상을 줍니다. 당신이 하이데거를 두고 묘사했던 식의 계기, 전처럼 고전적인 그 계기가 없는 것이죠. 저는 그것이 생략의elliptique 경제에 의거하는 모양새라고 말하겠습니다. 제가 기본적으로는 저와 같은 철학적 문화를 공유한다고 생각되는 아주 제한된 [*규모의] 독자 공동체를 위해 쓰고 있기에 저는 이렇게 겸양스레 되넙니다. 나는 새로운 원점이 되지 않을 것이다je ne vais pas recommencer, 마치 우리가 『순수이성비판』이나 『존재와 시간』을 펼치듯이 나의 텍스트를 펼치지 않을 것이다. 그런가 하면 저는 또한 이렇게도 확신합니다. 이제 위대한 철학 기계를 쓰는écrire 일은 불가능하리라고. 어쨌거나 나는 그럴 수 없다고. 저는 언제나 우회적이고 단편적인 에세이들을 통해서 작업했습니다. 하이데거는 『존재와 시간』을 방기했고, 그런 연후에 더는 책을 쓰지 않았습니다. 체계적·백과전서적·원환적인 책이라는 형식은 제게 불가능한 것처럼 보입니다. 그리고 『그라마톨로지』에서 저는 이렇게 말하면서 시작했습니다. 끝났다, 책은 더 이상 없다plus de livres.

당신이 제게 던졌던 물음은 어쩌면 서론·서문·서장의 문제이기도 합니다. 『산종』의 「책의 바깥」에서 저는 헤겔에서 출발하여 이를 체계적으로 다룸으로써 서론들의, 원환의 아포리아 전체를 표시하고자 시도했습니다. 제게 해체되고 있는 중으로 보이는 것은 바로 이것입니다.

바티모: 방금 당신은 일반적·헤겔적 시선regard의 결핍을 두 가지 보완적인 방식으로, 어쩌면 서로 모순되는 방식으로 이렇게 정당화했습니다. 한편으로 "나는 우리가 그걸 알고 있다고 전제한다." 다른 한편으로 "나는 그게 더 이상 불가능하다고 생각한다." 만약 앞선 대답이 올바른 것이라면 『그라마톨로지』 이후 뭔가가 바뀐 것인지, 그걸 당신이 오늘날 어떻게 반복하거나 요약할지 묻게 됩니다. 그리고 만약에 두 번째 대답이 옳은 것이라면 당신은 어쩌면 그것이야말로 이제 더 이상 일반적 일별이 존재하지 않는다는 사실을 정당화하는 그런 일반적 일별이라고 말할지도 모릅니다. 우리는 언제나 응답이 존재하지 않는 물음들이 존재한다고 말할 수 있습니다. 하지만 그렇다면 우리는 마치 교황에게 [편지를] 쓰고서 교황이 답신을 하지 않았기에 자기가 보낸 편지들[만 포함시킨 것을]**2** [서신 교환이랍시고]**3** 출간하는 듯한 꼴이 됩니다.

2 편집자: 타자본에서는 "로 이뤄진 것".

데리다: 제가 생각기론 우리가 [*수신처로 삼아] 글을 쓰는 사람들의 이 미시 공동체 내부에서는 아주 적은 숫자만이 공통의 성취를 공유합니다. 어쨌거나 그런 사람들이 너무나도 희귀하다고 해도, [오직] 한 명이나 두 명[밖에] 없다고 해도 ─ 그리고 여기서 우리는 이미 공동체 및 우정이라는 물음을 향해 다가서고 있습니다 ─ 저는 그에 의거해 스스로를 규제하고 스스로를 규제해야 한다고 생각하는데, 이는 귀족주의적인 규제가 아니라 경제적인 규제입니다. 정식화나 신속함 같은 것이 그 이유가 되죠. 하지만 다른 한편으론 공통의 성취는 저 자신의 작업이나 저를 읽는 사람들과[*만] 연관된 게 아닙니다. 저는 세계적인 문화에 대해 말했고, 오늘날 세계에서 일어나고 있는 일에 대해 말했습니다. 저는 실로 두 종류의 텍스트가 존재한다고는, 즉 『그라마톨로지』가 있고 그 외의 것들이 있다고는 생각하지 않습니다. 매번 텍스트는 다르게 시작되고, 고전적인 서론의 수사를 다른 유형의 발명과 타협시킵니다.

[*그리고] 응답하게끔 주어진 두 번째 논점은 저를 더욱 무장해제시킵니다. 저는 그 질문에 답할 수 없음을 다음과 같이 고백하겠습니다. 어째서 해체하는가? 무엇을 위해서 해체하는가? 만약 해체가 제가 제창한 것이 아니라면, 하나의 방법이,

---

3   편집자: 타자본에서는 "서한이랍시고".

하나의 기법이 아니라면, 그런 것과는 전혀 다른 것이고, 어쨌든 벌어지고 있는 무언가라면 ─ 인지되어야 하는 사건이라면 ─ 어째서 그 방향으로 나아가는가? 어째서 상황을 더 심화시키고 수리하고 재구축해야 하는가? 이건 가설인데 만약 최소한의 의무가 존재한다면 그건 분명 무슨 일이 일어나는지 놓치지 않는 데에, 밝게 깨어 있는 데에 있을 것입니다. 하지만 이런 체험으로는 충분하지 않습니다. 우리가 그것에 찬성하는지 반대하는지, 우리가 그것을 만끽하는지 만끽하지 않는지, 그것을 더 가속시킬 것인지 그것에 제동을 걸 것인지 알아야 합니다. 이 지점에서 제게는 답이 없습니다.

물론 저는 수행적 제스처와 서명이, 제가 제창한 것이 너무 이 시대와 어긋나지anachronique 않기를 바랍니다. 같은 시기에 속하는 것은 그 자체로는 시대와 어긋나는 무언가와 어우러진다고 하더라도 결과적으로는 지금 일어나고 있는 일과 친연해야 합니다. 해체는 동시성synchronie 내부의 시대착오anachronie입니다. 해체는 이음매에서 빠진 무언가와, 어우러지지 않는 무언가와 어우러지는 방식입니다. 어우러져야 합니다. 하지만 또 다른 무언가를 해야만 하죠. 타자들로 하여금 무언가를 하도록 초대해야 합니다. 이렇게 말하면서요. 보아라, 내가 생각하기엔 이렇게 해야 한다. 이 지점에서 저는 아포리아만을 체험합니다. 아포리아의 체험들을 망각해서는 안 됩니다. 만약 의무가 존재한다면 그 체험들을 진지하게 받아들이는 데 있다고 저는 생각합니다. 하지만 제게 달리 제안할 내용 같은 건 없습니다. 예컨대 장래가 있는 편이 낫다, 해체는 도래하는 것이기에 나는 해체의 방향으로 향할 것이다, 장래는 없는 것보다 있는 편이 낫다고 말하는 일이 제게 벌어져야 했습니다. 무언가가 도래하기 위해서는 장래가 있어야 합니다. 그러니까 정언명령이 존재한다면, 그것은 장래를 개방하기 위해 무슨 일이든 해야 한다는 명령일 것입니다. 저는 정말이지 그렇게 말하고 싶습니다. 하지만 동시에 장래가 무슨 명목으로 과거보다, 반복보다 우월하겠습니까? 어째서 사건이 비非사건보다 우월하겠습니까? 여기서 윤리적 차원 같은 무언가를 되찾을 수 있을 것입니다. 왜냐하면 장래란 타자가 도착하게 되는 열림이고, [그것을] 정당화하는 것은 결국 타자나 타자성이라는 가치이기 때문이죠. 근본적으로 이것이 제가 다음과 같이 메시아적인 것을 해석하는 방식입니다. 타자가 도래할 수 있다. 타자가 도래하지 않을 수 있다. 나는 그걸 미리 기획해둘programmer 수 없다. 하지만 만약 타자가 온다면 올 수 있게끔 자리를 비워두겠다. 이것이 환대의 윤리입니다.

최소한 하이데거 자신은 존재 망각에 대해 논할 때 "존재를 망각해서는 안 된다"고 말했다고 당신은 이야기했습니다. 그리고 그 모든 행보를 정당화하고 추동하고 이끄는 게 근본적으로는 그것이라고 이야기했죠. 그렇다고도, 아니라고도 할 수 있습니다. 하이데거가 그렇게 말했죠. 그러나 하이데거는 반대로도 이야기했습니다. 망각 없이 존재를 상기하는 것은 관건이 아니라고요. 그러니까 우리는 하이데거가 존재의 기억을 최종적인 심급에서 명령이 되는 무언가로 삼았다고 말할 수 없습니다.

바티모: 저는 그저 하이데거가 망각을 망각하지 않기를 원했다고 말할 뿐입니다. 존재의 기억이란 우리가 망각했다는 사실에 대한 기억이자 존재는 오로지 망각될 수 있을 뿐이라는 사실에 대한 기억이라고 말할 뿐이죠. 이건 이미 의미심장합니다. 하지만 저는 당신의 말을 잘 이해하겠습니다. 타자로의 개방은, 타자를 [들이닥치게끔] 두는 것은[4] 저처럼 "약함을 지향하는faibliste" 경우 타자가 언제나 나보다 우월하다는 의미로 해석될 수 있습니다. 그렇게 말하는 것은 일반적으로 자기 자신을 격하시키는 것일지도 모릅니다. 하지만 더 심원하고 정언적인 명령, 망아적인 자기 초과의 명령 때문이 아니라면 무엇 때문에 타자에게 자리를 내어주겠습니까? 이것은 우정의 문제이고 공동체의 문제이며, 독자들의 미시 공동체의 문제입니다. 저는 이렇게 말하지 않고 저렇게 말하는 것을 정당화하게 해주는 토대인 보편 이성의 담지자가 아닙니다. 그럼에도 저는 저의 원자적 개별성의 이름으로만 말하는 게 아닙니다.

4   편집자: 타자본에서는 "타자를 들이닥치게끔 두기".

[*독자들과의] 어떤 친연성이 있는 것이죠. 지금 우리가 있는 연구실은 제 스승인 파레이손Paryeson의 것이었는데, 그는 천성congénialité에 관해서 이렇게 말한 바 있습니다. 어째서 나는 독해할 대상으로 [다른 저작보다] 특정한 저작을, 다른 저자[보다] 특정한 저자를 더 선호하는가? 이건 정당화되지 않습니다. 여기 존재하는 건 천성뿐이죠.

데리다: "타자에게 자리를 내어준다"는 것은 "내가 타자에게 자리를 내어주어야 한다"를 뜻하지 않습니다. 타자는 저보다 먼저 제 안에 있습니다. 자아는 (집단적인 자아조차도) 타자성을 제 고유의 조건으로서 함축하는 거죠. 어떤 자아가 윤리적이어서 타자에게 자리를 주는 게 아닙니다. [*오히려] 자아가 내적으로 타자성에 의해 구조화되어 있고, 자아 자체가 자가 해체되고 탈구되는 중인 것입니다. 그래서 저는 방금 "윤리"라고 말하기를 망설였습니다. 이런 제스처는 윤리의 가능성입니다. 하지만 그게 순전히 윤리인 것은 아닙니다. 그래서 저는 메시아적인 것을 이렇게 논합니다. 타자는 어쨌거나 거기 있고, 원한다면 도래할 것이다. 나보다 앞서서, 내가 그걸 예견할 수 있기도 전에 말이다.[5]

5   "지속의 보장이 없는, 아리스토텔레스적인 필리아의 확고한 항상성이 없는 어떤 계기, 순간의 기회."(*Politiques de l'amitié, cit.*, p. 85) "하나의 철학은 아닌, 그 도래할 사유."(*Politiques de l'amitié, cit.*, p. 86) "최소한의 결단조차 해명

저는 최근 박사 학위논문의 심사를 맡았는데요, 학위 청구자는 헤겔은 과거[의] 것이라고 했던 하이데거에 맞서서 헤겔에게 장래가 있음을 보이고자 했습니다. 헤겔의 사유 안에서, 그리고 전통 안에서 장래와의 관계의 가능성을 회복하고자 시도하면서 그 학위 청구자는 "도래하는 것을 본다voir venir"라는 프랑스어 표현을 사용했습니다. 예견이, 망아가 존재하려면 도래하는 것을 봐야 한다고 말이죠. 이에 저는 논의의 과정에서 도래하는 것을 더 이상 볼 수 없어야, 즉 지평, 예견, 기다림의 지평조차 없어야 장래다운 장래가 존재할 수 있고 따라서 놀라움·타자성이 존재할 수 있음을 드러내고자 노력했습니다. 그러니까 내가 장래를 기다리지도 않는 바로 그곳, 도래하는 것을 보지 않고 예기치 않는 바로 그곳에서 장래가 나를 덮치고 나에게 들이닥친다는 사실은 타자가 나보다 앞서 거기 있음을, 타자가 나보다 먼저 도래함prévient을 뜻합니다. 타자는 단순하게 미래인 것조차 아닙니다. 이렇게 말해도 된다면 타자는 앞선 장래입니다. 장래를 앞서가는 것이죠.* 그건 내가 내 자아의 소유권자가 아니게끔 만드는 것, 환대를 향해 개방된 장소의 소유권자

할 능력이 없는 주관에 관한 이론."(*Politiques de l'amitié, cit.*, p. 87, 이는 "수동적 결단", "자유가 없는 결단"에 관한 논의와 이어진다.) "무의식을 포괄하면서도 어쨌거나 책임질 수 있게끔 머무는 것."(*Politiques de l'amitié, cit.*, p. 88) "필리아를 주관화, 인간화, 심리화 — 나아가 기독교화 — 할" 위험(*Politiques de l'amitié, cit.*, p. 272).

*   j'avance sur l'avenir는 il avance sur l'avenir의 오기로 보인다.

가 아니게끔 만드는 것입니다. [*타자에게] 환대를 증여하는 자는 스스로가 그가 증여하는 듯 보이는 그것[*즉 환대]의 소유권자가 아님을 알아야 합니다. 서명에 대해서도 사정은 같습니다. 우리는 서명을 대개는 고유성의 표지sa propre marque로 해석하지만 그건 내가 전유할m'approprier 수 없는 무언가입니다.[6]

제 서명은 심원한 무책임성 안에 있는 지고한 책임성의 순간입니다. 제가 "기본적으로 나는 하나의 언어·문화·장소·거처를 공유하는 이들을 위해 쓴다"라고 말할 때 이는 귀속됨의 공동체나 고유함propriété의 공동체를 뜻하는 게 아닙니다. 왜냐하면 저는 방금 서명에 대해서 한 이야기를 언어에 대해서도 할 것이기 때문입니다. 예컨대 프랑스어는 "저의" 언어이고, 제게는 다른 언어가 없는데, 동시에 그것은 제게 근본적으로 낯설고 저는 그것을 소유propriété하지 않습니다. 그런 한에서 "저는 저의" 고유어를 "가지는" 것이죠. 장소·가족·언어·문화는 제게 속하지 않습니다. 귀속됨의 장소들은 존재하지 않아요. 제가 귀속됨과 유사한 뭔가에 대해서 말한다는 사실을 부인하지 않겠습니다. 줄곧 그걸 말하고 있죠. [그리고] 제

---

[6] "예술가가 자신의 작품에 표식을 해놓듯이 신이 나를 창조할 때 내 안에 그 관념을 심어놓았다는 것은 전혀 이상한 일이 아니다. 또 이 표식이 작품 자체와 전혀 다른 것일 필요도 없다."(R. Descartes, *Méditations*, in Œuvres, éd. C. Adam et P. Tannery, Paris, Vrin, 1982, IX-1, p. 41)[르네 데카르트, 『성찰』, 이현복 옮김, 문예출판사, 77-78쪽].

가 저 스스로의 나이·문화·가족·언어를 출발점으로 삼아 글을 쓴다는 걸 저는 잘 알고 있습니다. 하지만 공동체적으로 보이는 이 구조들과 저의 관계는 탈전유expropriété의 관계입니다. 저는 그것들에 속하지 않고 그것들도 저에게 속하지 않습니다. 저의 출발점은 그런 귀속됨이 중단되는 곳입니다. 이게 우리가 시작하면서 말했던 것, 즉 최초의 출발점은 일어나는 사태이지만, 스스로 해체되는 중인 한에서만 그렇다는 것이죠. 저는 "천성"이라는 용어가 이탈리아어에서 어떻게 들리는지 잘 모릅니다. 하지만 그 용어에 스민 천부성·태생·천재성 같은 느낌은 저를 두렵게 만듭니다.『우정의 정치』는 약간 우애fraternité에 반대하는 책입니다. 우애라는 이 강력한 모티프는 기독교적인 동시에 혁명적이고 보편적입니다. 그것은 항상 태생·토양·핏줄과 연결되어 있습니다.[7]

---

[7] "독특성이나 환원 불가능한 타자성을 존중하지 않는다면 민주주의도 없다. 하지만 '친구들의 공동체' 없이, […] 다수의 계산 없이, 동일시 가능한 주체들 없이 민주주의는 없다. […] 이 두 법칙은 서로 환원 불가능하다. 비극적일 만큼 화해 불가능하다."(*Politiques de l'amitié, cit.*, p. 40) "어떻게 분리의 정치를 정초할 것인가?"(*Politiques de l'amitié, cit.*, p. 73) "친구들 사이에는 아무것도 없고, 다정한 폭열 / 드러나는 하얀 치아"(*Politiques de l'amitié, cit.*, p. 76에서 인용된 니체) "거짓, 위장, 은폐 […] 만약 새로운 정치적 지혜가 내일은 이 거짓의 지혜에 의해서 영감을 받는다면 […]? 만약 그것이 우리에게 사회적 절연의 원칙 내지 힘을 은폐할 줄 알도록 요구했더라면?"(*Politiques de l'amitié, cit.*, p. 79) "오 나의 친구들이여, 친구란 없다네."(*Politiques de l'amitié, cit.*, p. 17) "오 내 친구 민주주의자들이여."(*Politiques de l'amitié, cit.*, p. 340)

바티모: 파레이손은 괴테를 많이도 읽었습니다. 그래서 조금 생애사적 구성 요소가 있었죠. 하지만 그건 더 복잡합니다. 우리는 여느 텍스트들 중 당신의 텍스트들을 읽었기 때문에 모였습니다. 우리가 그것들을 예컨대 설Searle의 텍스트보다 더 흥미롭게 여겼기 때문이죠.

데리다: 저는 오늘날의 세계에 철학 공동체가 존재한다고 믿지 않습니다. 만약 사람들이 동의하지 않거나 이해하지 못함에도 불구하고 공동체가 존재한다고 고집하는 누군가가 있다면 저는 그렇다고, 바로 그런 절대적 오해의 상황을 공유하고 있는 사람들이 있다고, 그들은 자신들이 철학자라는 이름으로 서로 번역 불가능한 담화들을 유지하고 있음을 알고 있다고 응수했을 것입니다. 만약 제게 그런 물음을 던진 것이 아침 7시 CNN의 기자라면 저는 그렇게 대답하겠습니다. 만약 다른 곳에서 그런 물음을 받았다면, 예컨대 오늘 여기서 그랬다면, 저는 우리가 차이점들, 오해들, 고유어들에도 불구하고 공통으로 가지고 있는 바에 대한 분석을 아주 멀리 끌고 갈 수 있으리라고 믿습니다. 그리고 우리가 공통으로 가지고 있는 것에 대해 말한다 한들 대답은 동일하지 않을 것입니다. [*'우리'는] 예컨대 [*지금 이 자리의] 우리 셋일 수도 있고 오늘 저녁 토리노에서 회동하게 될 일군의 철학자들일 수도 있기 때문이죠. 혹은 그 대답이 영국이나 독일에서 이루어진다면 [*또 다르

겠죠]. 여타의 것들 가운데 가장 명백한 쪽으로 가보자면, 우리는 독일적, 니체적, 하이데거적, 현상학적, 해석학적 문화를 공통으로 가지고 있으며, 오늘날 세계 안에서 일어나는 일에 대한 관심을 공통으로 가지고 있습니다. 이건 자본 같은 것입니다. 그렇게 표현해도 좋다면 말이죠. 우리는 이 자본에 시간을 투자합니다. 그로써 우리는 서로를 이해할 수 있게 됩니다. 하지만 그건 아주 적은 수의 사람만을 모아들이죠. 어째서 이렇게 적은 수의 사람이, 오늘날 이탈리아·프랑스·유럽에서 그다지 읽히지는 않아도, 전적으로 간과되지 않는 걸까요?

바티모: 오늘 저녁 제가 당신을 소개할 것입니다. 그때 저는 이렇게 말하면서 — 그나저나 당신처럼 말이죠 — 시작하려고 합니다. 우리에게는 이 주제들과 오랜 친연성의 전통이 있고, 이는 우리가 같은 가문 출신이기 때문이라고 말입니다. 이걸로 충분히 괜찮습니다만, 이건 우리가 왜 하필 다른 이가 아니라 이 사람과 저녁을 먹었는지 설명하는 꼴이죠. 이것도 여전히 정당화는 아닙니다. 저는 알고 있습니다. 제가 당신에게 줄곧 우리가 한 일에 대한 정당화를 화두로 삼아 물음을 던지려 했다는 것을요. 그것은 전적으로 공통된 것은 아닐지도 모르는 어떤 관점에서 유래한 물음이죠. 그럼에도 불구하고 당신은 제 물음들에 대답해주셨습니다. 하지만 저는 제가 원했던 답을 받지는 못했다는 느낌을 받습니다. 어쩌면 타자란 바

로 그것일지도 모르죠. 하지만….

철학적 담론이라는 문제는 제게 [기초를 부수는] 기초공사 fondation [qui dé-fonde]8의 문제인 것처럼 보입니다. 대답은 이렇습니다. 나는 그렇게 말하고 싶기 때문에 그렇게 말해, 그건 너무 짧아서 너무 폭력적이지 않을 수가 없어. 근본적으로 폭력이란 더 인내심이 있었다면 풀 수도 있었을 매듭을 칼로 잘라 버리는 것입니다. 폭력적 담론이란 담론, 논의discursus, 논변 구성의 부족입니다(저는 이 말을 오로지 느슨하게만, 반박이 허락되는 [곳]9에서만 사용합니다). 그래서 정초fondement는 신들린démoniaque 것입니다. 그것 앞에서는 입을 다물게 됩니다. 논변 구성이 진리의 형이상학적 가치를 요구하지 않을지라도, 어쨌거나 더 우정 어린 태도라고 해도 그렇습니다.

데리다: 무장을 해제하고서 당신에게 대답하겠습니다. 한편으로 저는 특정한 상황에서는 당신이 [*학적] 과업이라고 부른 것에 대한 담론을 제가 지탱할 수 있다고, 거기에 윤리적이거나 정치적이라는 식의 위엄을 부여할 수 있다고 생각합니다. 그러니까 모종의 위엄을 지니는 한에서 그 담론은 우리가 저녁 식사를 함께하게 되는 이유들과는 근본적으로 다르며, 지

---

8 편집자: 타자본에서는 "기초 와해적 기초fondation défondante".
9 편집자: 타자본에서는 "것".

금 당장을 넘어서 나아갑니다. 하지만 다른 한편으로 그것의 내재적 가치가 아니라 저에게 중요할 수 있는 게 무엇인지 고려함에 따라 저는 과업에 대한 거대 담론을 지탱하는 일 앞에서 절대적으로 절망합니다 — 혹은 회의적이고 어쨌거나 환상illusions은 없습니다. 저는 제 삶이 유한하다는 걸 압니다. 제 삶은 처음부터 유한했지만 지금은 그 어느 때보다도 더욱 그렇습니다. 살 날이 몇 년밖에 남지 않았음을 알죠. 그리고 제가 해온 모든 것이 죽음에 의해서, 직접적인 욕망에 의해서 통제되고 있음을 압니다. [*이런] 저의 입장에서 보면 이 과업에 관한, 위엄을 갖춘 거대 담론이나, 제가 누군가와 저녁 식사를 함께하고자 하는 이유들이나 매한가지입니다. 이것들은 동질적인 물음들은 아닙니다. 하지만 저로서는 진정한 대립을 표시할 수 없을 것입니다. 제가 과업에 관한 거대 담론에 착수한다면 그것이 제게 거의 직접적으로 기쁨이 되기 때문이고, 제가 그렇게 하려는 욕망을 품고 있기 때문이며, 그것이 즐겁기 때문입니다. 이와 마찬가지로 아무나가 아닌 바로 그 사람과 함께 있고자 하는 욕망이 제게 중요합니다. 당연하죠. 하지만 제가 있는 곳에 함께 있는 사람, 제가 예의 담론을 개진할 때 뜻하는 바를 이해할 지음知音과 저녁 식사를 함께하거나 사랑을 나누거나 산책하는 일은 더욱 기쁠 것입니다. 다소 추상적인 방식으로 들게 된 이 두 범례는 — 즉 [*학술적] 과업에 대한 야심찬 거대 담론 그리고 욕망의 [*차원에서의] 긴급함은 —

서로를 조건 짓습니다. 그리고 저의 경우에 이는 근본적으로 무척 체념적이고 절망적인 방식으로 이루어집니다….

바티모: 하지만 아주 적극적participée이기도 하죠. 제 학생들 중 몇몇은 라캉주의적인 정신분석을 받은 경험이 있습니다. 그들은 때때로 좀 초연한 태도를 취해요. 마치 무대를 보고 미소 짓듯 줄곧 미소를 짓는 거죠. 저는 의문을 품었습니다. 그들은 부엌에서 침실로 가기 [위해서], 그러니까 예컨대 어떤 문제를 애정의 문제로 변환시키기 [위해서] 뭘 어떻게 하는 걸까? 이건 릴케의 구절인데, 저는 이걸 다시 본 적이 없을 뿐만 아니라 여태껏 완전히 이해하지도 못했습니다. 해체는 상황들의 이중성을 의식하는 것이기도 합니다. 총괄적 현전présence totale은 절대로 없다는 사실을 의식하는 것이죠. 당신이 죽음에 대해서 말했을 때조차 — 이렇게 말하는 걸 용인해주십시오 — 저는 제가 억눌러왔던 호기심을 품었습니다. 당신은 살아남기survie에 대해 생각하나요 생각하지 않나요?

데리다: 제가 생각하는 것이라곤 죽음뿐입니다. 저는 줄곧 죽음에 대해 생각합니다. 한시도 그것이 임박하지 않은 때가 없습니다. 저는 잔존survivance의 구조로서의 살아남기라는 현상을 언제나 분석합니다 — 제가 정말 관심을 가지는 건 오로지 그것뿐입니다 — 하지만 저는 내세의 삶survie post-mortem을

믿지는 않습니다. 그리고 기본적으로 그것이 모든 것을 통솔합니다. 내가 하는 것, 나인 [것], 내가 쓰는 [것], 내가 말하는 것을 말이죠.

거꾸로 저는 죽음의 사유가, 혹은 당신이 거리라고 부른 것이 강도를 낮춘다고 생각지 않습니다. 해체에는 구조적 층위의 다양성에 민감하고자 하는 움직임이 존재합니다. 순간은 매 순간마다 내적으로 탈구됩니다. 하지만 제게 그건 체험을 냉각시켜버리는 게 아닙니다. 그 강도는 약화되기는커녕 강화됩니다. 저는 충만한 향락은 존재하지 않는다고 생각합니다. 만약 충만했다면 그것은 향락이 아닐 것입니다. 그러니까 그걸 넓게 펴 바른다고 해서 강도가 약해지는 건 아닙니다. 그건 도취 같은 거죠.

페라리스: 탁자-과업Tisch-tâche. 『서한』에서 하이데거는 헤라클레이토스의 ἦθος ανθρώπω δαίμων(*ethos antropo daimon*)이라는 문장을 환기시킵니다. 그리고 우리가 통상적으로 이 편린을 번역하는 방식("seine Eigenart ist dem Menschen sein Dämon")**10**이 그릇되었다고 말합니다. 그리고 "des Mensch wohnt, insofern er Mensch ist, in der Nähe Gottes"**11**로 번역하는 게 낫다고 하죠.

10 편집자 번역: "고유함은 인간의 다이몬이다Sa particularité est le démon de l'homme."
11 "인간은 인간인 한 신의 곁에 산다L'homme, dans la mesure où il est hu-

그의 번역은 아리스토텔레스가 『동물의 부분들에 관하여De partibus animalium』에서 풀어내는 이야기에 의거합니다. 이방인들이 헤라클레이토스를 방문했다가 그가 화덕 옆에서 열기를 쬐고 있는 걸 보고 그에게 이렇게 말합니다. "einai gar kai entautha theous."[12] 일화 그 자체는 제게 별로 대단한 게 아닙니다. 그리고 하이데거의 주해도 좀 비장한 장광설 같죠. 적어도 하이데거의 말을 농부처럼 고랑들을 따라가는 충실한 사유는 충실한 서식처 안에 머문다는 소리라고 이해한다면 말이죠(이건 개연성 있는 이해처럼 보입니다). 하지만 우리가 '화덕Backofen'에 주목한다면, 사태는 조금 복잡해집니다. 과업이 있고(신들?) 탁자가 있죠(화덕?). 하지만 탁자table는 예컨대 부엌의 질서에 속할까요, 침실의 질서에 속할까요?

자니Gianni가 인용한 릴케의 무척 아름다운 구절 안에서 우리는 이미 어디에 과업이 있고 어디에 탁자가 있는지 알아보기 힘들 것입니다. 그건 우리의 배고픔에, 우리가 배고파하는 대상에 달려 있습니다. 우리는 정의에 목마르고 배고플 수 있습니다. 그게 금지된 것도 아니고 말이죠. 니체의 진리의 생리

main, vit près de Dieu." M. Heidegger, *Lettre sur l'humanisme*, in *Questions III et IV*, Paris, Gallimard, 2011, p. 115 참조. (M. Heidegger, Brief über den humanismus, in *Gesamtausgabe*, Band 9, Frankfurt, Vittorio Klostermann, 1976, pp. 354-355도 참조.)

12 편집자 번역: "여기도 신들이 계시는도다."

학을 이런 의미에서 읽어야 할 것입니다. 다르게 읽는다면 그건 너무 빈곤해질 터입니다. 잘 먹어야 한다는 걸 이해하기 위해서 『도덕의 계보학』을 읽는 고통을 감내할 필요는 없겠죠. 하지만 우리가 잘 먹기를 바랄 때 이미 사태는 복잡해지고, 정확히 말하면 분할됩니다. 플라톤은 말했죠. 아름다운 얼굴은 아름다움의 성공적인 모방이라고 말이죠. 그리고 자크 당신이 처음에 말한 것처럼 문제는 아름다움입니다.

저는 여기서 모르페가 문제가 된다고 제안했습니다. 아리스토텔레스는 우리가 이미지들 없이는 사유할 수 없다고 말했는데, 이건 감각 지각에 대해서도 타당합니다. 만약 미학적인 것과 이론적인 것(혹은 윤리적인 것) 사이에 심연을 둔다면 우리는 이미 그 영감을 배반하게 됩니다. 우리가 비실재irréel의 영역을 "미학적"이라고 수식하는 해로운 — 제 판단에는 그렇습니다 — 습관을 가지고 있는 만큼 말이죠. 취향goût이란 감성적인 것과 예지적인 것을 모두 뜻합니다. 이는 영감, 상상, 공통 감각koinè aisthesis에 대해서 타당하고, sens에 대해서 이미 타당합니다. 그것이 [시각]**13**[*이든] 청각이든 촉각이든 존재의 의미sens이든 말이죠. 기본적으로 억압된 적도 없는 감성적인 것을 되살리려고 그런 담론을 만든다는 사실은 유감입니다. 감성적인 것과 예지적인 것이 기입 및 이념화의 일반적 가

---

13 편집자: 타자본에서는 "눈".

능성에서 배태된 두 개의 변양이라면, 그래서 양자 사이에 원리적 차이가 존재할 수 없다면 우리는 어째서 하나l'un를 다른 하나l'autre보다 특권화해야 하는지 알 수 없습니다(특히 방금 말한 것처럼 일자l'un를 [*타자보다 특권화해야 하는지 말입니다]). 어떻게 동일자 안에서의 그 차이가 수호되고 우리의 세계 경험 안에서 — 이 세계는 바로 그 차이에 의해 구성된 세계죠 — 작용하는지 보아야 할 것입니다. 탁자 안에서든 과업 안에서든 말입니다.

헤겔에게 스핑크스나 불사조의 수수께끼는 이런 것입니다. 잘 알려져 있듯 하나는 패권[*의 상징]일 수 있고 다른 하나는 불멸성[*의 상징]일 수 있습니다. 그러나 그것들은 또한 사자의 몸에 여자의 얼굴이 달린 것일 수 있고, 새일 수 있으며, 혹은 알제리산 아니세트의 상표일 수도 있습니다. 하지만 우리는 이를 분할해낼 수 없습니다. 기본적으로 절대로 그럴 수가 없죠. 상징symbole이란 바로 그런 불확실성으로 이루어져 있습니다. 우리는 물론 이로부터 모든 것이 상징이라고, 그리고 상징이 진리보다 덜 나쁜 것이니까 이건 좋은 일이라고 결론 내릴 수 있습니다. 하지만 저는 이로부터 다른 윤리를 끌어내고자 합니다. 어디가 부엌이고 어디가 침실[인지] 모른다는 사실은, 그리고 어떤 종류의 배고픔이 우리를 부엌으로 이끄는지 모른다는 사실은 과업으로부터도 침실로부터도 규정성을 제거하지 않습니다. 거대 담론이 있고 진리가 있으며, 탁자가 있고 부엌이 있고 침실이 있습니다. 우리는 보통 아름다움보다 못남을 정당화하는 일이 더 어려움을 잘 알고 있습니다. 하지만 부엌과 침실로 향하려는 충동에도 불구하고 아름다움에 의해 저질러지곤 하는 악행들을 단죄하게끔 인도하는 건 다름 아닌 거대 담론입니다. 거대 담론은 자신이 단죄하는 그 아름다움의 방식으로, 긍정적인 방식으로 [*무언가를] 행하고자 합니다. 그리고 물론 역으로 탁자에 관해서도 심원할 수 있는 논의들이 존재하죠.

데리다: 당신이 현출의 상이한 형상들 — 이미지·모르페·에이도스·환상 — 에 대해 말한 것을 두고 짧게 한마디 하고 싶습니다. 당신이 말한 바의 논리, 즉 이미지 안에서 보편적인 것과 독특한 것을 교차시키는 논리에 따라 환상이라는 단어를 취한다면 내 앞에 타자가 미리 와 있음prévenance에 관해 우리가 방금 이야기한 것 — 이에 관해 자세히 전개할 시간은 없습니다 — 을 환상으로서 재발견하게 됩니다. 하지만 혹자들이 종종 생각하는 것처럼("그건 한갓 환상에 불과해") 나는 환상으로부터 쉽게 자유로워질 수 없습니다. 저는 우리가 환상적인 것에 의해서 구조화되어 있다고 생각합니다. 특히 우리와 타자의 관계가 환상에 입각한 관계라고 생각하죠. 타자와의 관계에 있는 환상성은 환원될 수 없습니다. 그것은 내 안에 타자가 선先원본적pré-originaire으로 개입하고 있다는 것이죠.

사례성·보편성·독특성이 여기서 교차합니다. 우리는 대담의 초반부터 정당화라는 말로 [*대담의 흐름이] 풀리게끔 급히 서둘렀습니다. 기본적으로 우리가 정당화[*라는 말]로 뭘 뜻하려는지 알고 있다는 듯 진행됐죠. 하지만 당신들도 알다시피 그 말은 무척이나 심오한 것입니다. 그 말은 물론 정의justice를 떠올리게 만듭니다. 제가 어떤 담론을 정당화 가능한 것으로서 지탱하고자 한다는 것은 정의라고 불리는 것과 마주해서도 내가 책임질 수 있는 정당한juste 담론으로서 지탱하고자 한다는 것입니다. [*그러나] 정의는 존재하지 않고 실존하지 않습니다. 그건 소여가 아닙니다. 그리고 저는 저의 담론을 바로 맞춤ajustant(짜 맞춤fügen 및 올곧음justesse의 문제)으로써 오늘날 일어나고 있는 일이 무엇인지 인지하고, 저의 담론을 역사적인 현실 — 저 자신이 상속한, 현재 전개되고 있는 그런 현실 — 에 바로 맞춰 조정함으로써 거기에 응답합니다. 정당화란 자신의 담론을 역사·상속물·시대에 바로 맞춰, [*지금] 있는 것에 바로 맞춰 조정하는 것입니다. 그러나 이건 흐트러뜨리면서déajustant 바로잡는 것입니다. 아직 거기 없는 것에, 이 세계의 것이 아닌 것에 바로 맞춰 조정하는 것이죠. 그러니까 정당화는 바로잡도록 명령하는 동시에 정의의 이름으로 흐트러지도록 명령합니다. 이는 역사를 전제하는 동시에 역사와의 단절을 전제하죠. 만약 역사가 존재하는 것과 존재했던 것의 총체를 뜻한다면 말입니다.

아직 존재하지 않는 것 앞에서, 내가 부르는, 도래하는, 그러나 도래하지 않을 수도 있는 어떤 정의 앞에서 정당화란 다시 한번 메시아적 차원이 됩니다. 그건 역사적인 동시에 역사와 단절하는 것이죠. 어쩌면 메시아성의 이 가치가 우리로 하여금 "좋으니까 하는 거지"라는 문장에 내포된 폭력에 대한 자니의 논의를 이어나가게끔 허락하는지도 모릅니다. 거기에 대립적인 논변을 제시하면서요. 저로서는 두 논변을 대립시키는 게 좀 꺼려집니다. 우선 저는 폭력이 나쁜 것인지 확신하지 못하겠습니다. 저는 폭력과 비폭력을 맞세우기보다는 다양한 종류의 폭력들을 맞세우기를 선호합니다. 뭔가가 좋기 때문에 한다는 건 유별나게 폭력적인 게 아닙니다. 그것은 논변의 욕망과 반드시 단절하는 게 아닙니다. 예컨대 저는 지금 우리가 하고 있는 것처럼 철학적인 담론을 나누는 것이나 쓰는 것을 연단에서 정치적 담론을 하는 것보다 더 좋아합니다. 제게는 정치적인 욕망이, 정치가의 야망이 없습니다. 정치는 제게 흥미로우며, 정치인이나 배우였으면 하는 꿈이 저를 스치곤 합니다. 하지만 저는 제가 그걸 정말 못할 거라는 걸 잘 압니다.

저는 제가 하고 싶은 걸 합니다. 왜냐하면 그때 제 이미지가 더 낫다는 인상을 받기 때문이죠. 저의 이미지는 저의 것이 아닙니다. 그것은 타자가 보는 이미지고 타자가 가지는 환상이죠. 그것은 제가 알지 못하는 관람자를 위한 것입니다. 저는 그게 단순히 폭력적이기만 하다고 생각하지 않습니다. 그건 내게 최선의 이미지인 무언가에 나를 순응시키는 방식이기도 하지만 내 안팎에 있는 누군가를 기쁘게 만들고자 하는 것이기도 합니다. 논변 구성의 방식들은 상이합니다. 하지만 생각해보면 가장 사적이고 내밀한 곳 안이라고 해서 제가 덜 논변하는 것은 아닙니다. 저의 경우로 보자면 오히려 그 안에서야말로 논변적 역량이 최고의 폭력과 열 배는 더 가까이에서 전개된다는 인상을 받습니다. 그건 철학서들 안에서 제가 전개하는 것보다 한층 더 전개됩니다.

바티모: 그건 제게 아주 민감한 문제입니다. 저는 당신의 말에 상당히 동의합니다. 단지 폭력의 상이한 유형들이 문제라면 이야기가 좀 다르죠. 철학적 논의에서 "내가 그걸 긍정하는 건 그게 날 기쁘게 하기 때문이야"라고 말하는 건 폭력의 한 유형이 될 수 있습니다. 애정의 상황에서 "나는 너를 사랑해"라고 말하는 것이 폭력의 다른 유형이듯이 말이죠. 우리가 어디서 폭력이 멈추고 어디서 체험이 시작되는지 모른다는 건 참입니다. 예컨대 동물을 길들이는 데에는 모종의 폭력이 함축되어 있습니다. 그리고 어쩌면 만남은, 즉 [*현] 상황의 안정적인 [항상성 l'homéostasie]14과의 단절은 언제나 폭력일지도 모릅니다.

하지만 해체는 폭력으로서의, 즉 대립 항이 있을 수 없는 무언가로서의 직접성을 해체하는 한 가지 방식 아닌가요? 예컨

---

14 편집자: 타자본에서는 l'oméostase.

대 스승maître이란 제가 권위를 인정하는 누군가입니다. 저는 스승을 바라보며 제가 바라는 확실한 뭔가를 말해주기를 기다립니다. 그리고 다른 한편으로 스승에 대한 저의 주해 작업은 언제나 스승을 소비하는 방식입니다.

저는 이걸 속화俗化라고 부릅니다. 제가 입을 다물고 있을 수 없는 어떤 성스러운 핵심이 항상 존재합니다. 하지만 저는 세속화·합리화·정식화의 태도를 언제나 지니고 있습니다. 저 스스로 그렇다는 걸 느낍니다. 역사란 우애의 국적을 박탈하는 한 가지 방식입니다. 그건 문화적 우애의 한 가지 형태죠. 왜냐하면 우애와 우정이 아니면 그 어떤 일도 일어날 수 없기 때문입니다. 하지만 저는 이탈리아인들[과만] 친구이게끔 강제되지 않습니다. 저는 프랑스인, 미국인 친구를 사귈 수 있으며, 이는 당신이 의심스럽게 여기는 국적naturalité을 기반으로 한 것이 아니라 어떤 역사적 태도를 기반으로 한 것이죠.

데리다: 당신의 말을 들으면서 저는 폭력들을 담론의 영역과 실생활expérience의 영역이라는 기준으로 구별하는 데 그치지 않고, 폭력과 난폭brutalité을 구별하고 싶다는 생각이 들었습니다. 당신이 말했던 폭력들은 동물을 조련하는 경우가 됐든 철학 공동체 내에서의 잘 세공된 상징적 폭력의 형태가 됐든 제게는 다를 바 없습니다. 그것들은 아주 다르게 취급받지만 기본적으로 폭력은 환원 불가능하며, 언제나 조련이 존재

합니다. 심지어는 타인을 최고로 존중하는 논변 안에도 아비투스를 압인하는 방식이 존재합니다. 그로 인해 폭력은 보존되죠. 우리가 환원할 수 없는 — 그리고 그래서도 안 되는 — 폭력이 존재합니다. 왜냐하면 그게 아니었다면 아예 문화란 게 없었을 것이기 때문이죠.

하지만 제가 난폭이라고 부르고 싶은 무언가를 폭력과 구별해야 할 것입니다. 이건 동물성도 야수성도 아닙니다. 논의에서의, 논변 구성에서의 난폭함이죠. 그것은 교조적인 결단입니다.* 정의상 자연에는 폭력이 존재하지 않습니다. 지진은 폭력적이지 않고, 그것은 인간의 이익을 침해하는 한에서만 폭력적입니다. 자연 본성naturalité이라는 의미에서 자연적 폭력이 존재하지 않는다는 데 동의한다면 이제 타자를 타자이게끔 두지 않는 무언가, 제 자리를 타자에게 내어주지 않는 무언가를 폭력적이라고 수식해야 할 것입니다. 당신도 알다시피 저는 논변이 없다고 비난받곤 했습니다. 저는 그 비난이 정말 부당하다고 생각합니다. 하지만 생각건대 저는 난폭하게, 교조적으로 굴려던 적이 절대로 없습니다. 봐라, 실은 이러하다고 말하려던 적이 없지요.

난폭함은 단지 세공되지 않은 폭력이 아닙니다. 그것은 나쁜 폭력, 빈곤하게 만드는 폭력, 반복적이고 기계적인 폭력입

---

* fait dogmatique는 fiat dogmatique의 오기로 보인다.

니다. 그것은 장래를 개방하지 않는 폭력이고, 자신의 자리를 타자에게 내어주지 않는 폭력입니다. 제가 여기서 미학적 차원을 최종 심급으로 삼으려는 건 아닙니다만, 물론 거기에는 미학적 함의도 있습니다. 어쨌거나 난폭함은 무정형amorphe으로의 환원입니다. 그것은 형식을 빈곤하게 만들고, 차이화différenciation를 상실시킵니다. 제가 말한 것은 어쩌면 난교적이거나 디오니소스적인 폭력에 맞서 스스로를 지키는 아폴론적 방식인지도 모릅니다. 난교적이거나 디오니소스적인 폭력은 무형을, 무정형을, 융해를 가지고 유희합니다. 차이는 폭력이고 폭력은 차이화하는 것입니다. 난폭함은 [*오히려] 독특성을 동질화하고 지워버리죠.

바티모: 잘 먹어야 한다는 생각이 드는군요.

토리노, 1995년 1월 19일.

후기
이제 그대 안에 거하도다[1]

마우리치오 페라리스

이 글이 모습을 드러낼 즈음이면 지금 이 책에 수록된 첫 번째 대담이 이뤄진 때를 기준으로는 24년이, 이 책이 이탈리아어로 처음 출간된 때를 기준으로는 20년이, 그리고 데리다가 세상을 떠난 때를 기준으로는 14년이 지난다. 그간 나는 나이를 먹었고 우리가 이 책을 구상하기 시작했을 즈음의 데리다의 나이에 가까워졌다. 이렇게 얽힌 숫자들에서는 적층이 느껴진다. 이 지면들 안에서 교차되는 다양한 시간적이고 실존적인 궤적이 있다.

나는 어째서 이탈리아어, 영어, 포르투갈어로는 이미 출간된 이 책이 작성되었던 본래의 언어[*인 프랑스어]로 모습을 드

---

[1] 이 글을 피에르 르그로Pierre Legros에게 바친다. 나는 그 덕분에 다음과 같은 지드의 문장에 주목하게 됐다. "솔직함은 가장 많이 미리 숙고된 것이다." 우정과 감사를 표하며.

러내는 데 이토록 여러 해가 걸렸는지 설명하고자 한다. 라테르자Laterza와 출판 계약이 된 상태에서 공동으로 출판사가 되고자 했던 쇠이유Seuil와 합의를 보지 못했고, 협상은 교착에 빠졌다. 그러고 나서는 데리다도 나도 이걸 잊어버리고 있었다. 상황은 더욱 복잡해졌는데, 데리다가 수기로 교정한 텍스트를 내가 잃어버리기도 했거니와 이제는 읽을 수도 없게 된 디스켓을 어디에 뒀는지 알 수 없었기 때문이다. 우리는 거의 지질학적 수준으로 거리가 있는 시기에 대해 말하고 있다. 당시에는 컴퓨터에 개인적인 아카이브를 보관해둔다는 관념이 그 누구의 머릿속에도 없었다. 게다가 그건 기술적으로 복잡했다. 텍스트는 그렇게 묻혔던 것이다. 최소한 데리다가 자기의 것이라고 간주했던 유일한 언어인 프랑스어 판본은 그랬다.

2010년에 브누아 페터스의 탁월하고 사실적인 데리다 평전이 출간되었을 즈음에야 텍스트는 그런 상태에서 벗어날 수 있었다. 페터스는 캉Caen에 있는 이멕IMEC의 아카이브에서 데리다가 개인적으로 보관해둔 판본을 되찾았다(데리다는 나와는 달리 아무것도 잃어버리지 않는 사람이었다). 페터스는 거기서 몇몇 대목을 인용했고, 그렇게 영어로 접근할 수 있었기에 모두에게 알려져 있었지만 그럼에도 저자 자신의 언어로 출간된 적이 없어 볼 수 없었던 원본 친필 원고의 신화를 키워냈다. 그건 마치 도난당한 편지, 모든 위험을 품고 있는 편지와도 같았다. 데리다는 —『진리의 집배원La facteur de la vérité』에서 라캉과 포에 대해 논하며 우리에게 말한 것처럼 — 편지는 절대로 목적지에 도착하지 않을 수도 있고 영원히 상실될 수도 있다고 확신하지 않았던가?

나는 무언가를 품어두는 성정은 아니었지만 이 텍스트의 분실로 인해 숙고하지 않을 수 없었다. 다른 무엇보다도 이 책의 공동 서명자로서 나는 데리다와 가장 긴밀하게 연결되었다. 나는 과거와 깊이 단절하는 시기를 지나고 있었고, 이 단절이 대담의 모든 구절에 스며 있다. 나는 탈근대론의 편류라는 중차대한 문제와, 나와 데리다 사이의 관계라는 개별적인 문제를 생각했다.

나는 흥미를 느끼기 힘든 개별적인 문제에서 출발했는데, 그 문제는 다행스러운 활로가 되었다. (그의 책들을 바로 곁에 둔 내가 경험으로 미루어 하는 말인데) 애초부터 나는 데리다의 동료가 되는 것이 얼마나 어려운 일인지 납득하고 있었다. 이 어려움은 오로지 그의 사유가 우선 어떤 개성의 표현이라는 점에서 비롯됐다. 나는 그래서 데리다의 양식을 모방하지 않으면서도 그의 가르침을 따르려면 어떻게 해야 할지 자문했다. 그 양식은 1976년 내가 『글쓰기와 차이』를 손에 쥐었을 때부터 줄곧 나를 사로잡은 것이었다. 나는 양식적으로는 모방하지 않기로 곧장 다짐했다. 오래된 일인데, 1981년 내게 쓴 첫 편지에서 데리다는 "그 담백한 글쓰기"를 감사히 여긴다고 말했다. 이후 나는 교수가 되었고, 학생들이 교수의 고유한 양식을 모방하는 걸 알아볼 때 [*교수의 입장에서] 얼마나 불안하고 당황스러운지, 얼마나 막중한 책임이 부과되는지 알게 되었다 (그 양식 안에서는 캐리커처가, 즉 우리 자신이 실로 누구인지 밝히는 진리가 읽히는 것만 같다). 나는 그때 그의 감사함을 더 잘 이해하게 되었다.

물론 양식 외에 내용이 있다. "텍스트 바깥은 없다"는 데리다의 명제는 시간이 지남에 따라 나와 데리다 사이의 골칫거리가 되었다. 내게 이 명제는 "사실이란 존재하지 않고, 오로지 해석만이 존재한다"라는 니체의 문장과 너무 가까워 보였다. 그리고 "이해될 수 있는 존재는 언어다"라는 가다머의 문장과도 또 가까워 보였다. 세계와 관계를 맺을 가능성, 예컨대 감성성을 통해 우리에게 주어진 세계와 관계를 맺을 가능성을 부인하는 것으로 이어질 극단적이고 중차대한 주장들 말이다. 나로서는 데리다 같은 독창적인 사상가가 자기 시대의 통념적 조류에 휩쓸리고 마는 게 과오처럼 느껴졌다. 그게 아니라도 철학을 오로지 언어의 문제인 양 (혹은 물론 많이 다르더라도 본질적으로 다르지는 않은 이야기인데, 에크리튀르의 사무인 양) 몰고 갈 수 있다는 의견, 20세기의 철학 전체가 만장일치로 지지했던 의견은 내게 더 이상 설득력이 없었다.

우리의 대화가 시작됐을 시기에 나는 그래서 그로부터 멀어지는 경로를 택했다. 그리고 1997년에 나는 『비밀의 취향』과 동시에 『이성적 미학Estetica razionale』을 출간했다. 거기서 나는 개인적 전회를 전개했으며, 내가 성장해온 전통과 거리를 두었다.

당시 선택은 점진적으로 수행되었을지라도 상대적으로 분명해 보였다. 내게는 그랬다. 무엇보다도 양식이라는 문제가 더 첨예해졌다. 80년대에 (갓 교수가 된) 나는 트리에스테Trieste에서 세미나를 하던 중에 학생들과 동료들이 내게서 데리다스러운 문투를 찾아내는 데 짜증이 솟구친 나머지(나는 한동안 그런 말을 계속해서 들어야 했다) 데리다의 진정한 제자는 데리다주의자가 아닐 것이라고, 그는 전혀 다른 방식으로 쓰게 될 것이라고, 그의 재담은 [*데리다의 것과는] 다른 부류일 것이라고, 그는 아리스토텔레스를 해체하기는커녕 해체를 위해서 아리스토텔레스를 써먹을 것이라고 주장하면서 논의를 걷어치웠다. 어떻게 그런 생각이 내 머릿속에 떠올랐는지 더 이상 모르겠지만 어쨌거나 그런 생각은 오래전부터 찾아와 있었다.

그리고 아닌 게 아니라 수록된 대화들이 개시된 시기인 1990년대 초반부터 내 안에서 무르익기 시작한 관점의 변화는 아리스토텔레스적인 쪽으로 나아갔다. 생각은 다음과 같은 것으로 아주 단순했다. 진정한 해체는 모든 것이 사회적으로 구축되어 있다(따라서 모든 것은 해체될 수 있다)는 주장이 아니라 해체에 저항하는 어떤 객체들이 있다는 주장에 있다. 이렇게 해체를 위한 받침점이 마련된다. 그것은 기계가 헛돌지 않고 정확하게 어떤 저항을 마주하게끔 만든다. 데리다는 언제나 바로 그 저항 안에서 해체의 동력원을, 그 자체는 부동적인 동력원을 발견했다. 기계가 고장이 나는 그 계기, 체계와 총체성이 한계를 보게 되는 그 계기가 아니라면 해체가 달리 무엇이겠는가? — 이 대화들에서 읽히는 많은 부분이 이 점을 보여준다. 내가 생각하기엔 "텍스트 바깥은 없다"는 주장, 모든 것이 사회적으로 구축되었다는 주장으로 인해 진정으로 상실되는 것은 바로 이것이다. 그러니까 그가 세상을 뜨기 두 달 전 『르 몽드Le Monde』지와 했던 아름다운 인터뷰의 제목을 따오자면 데리다는 어떤 의미로는 자기 자신과 맞서 전쟁 중이었던 것이다.

  나 자신의 여정과 관련해서라면 나는 이 저항을 주로 미학 안에서 찾았다. 미학은 어원적으로는 아이스테시스aisthesis, 즉 지각으로 이해되는데, 지각은 진리가 아니다. 하지만 그것은 논박 불가능하리만치 저항의 한 형식이다. 그것은 우리 감각 중 가장 애매한 것, 즉 촉각에 의해 우선 가동된다. 아리스토텔레스는 촉각을 "근본 감각"이라고 불렀다. 촉각이 없다면 어떤 동물도 살아남을 수 없다. 내게 감성성의 범례적 가치는 그것이 다음과 같이 교정 불가능하다는 사실에 있다. 개념이나 언어 같은 것은 내가 그걸 소유했든 소유하지 않았든 간에, 내가 그 화자이든 화자가 아니든 간에 최종적으로는 내 지각들인 것들에 의존하지 다른 무언가에 의존하지 않는다. 나는 우리의 개념적 도식과는 독립적인 외부 세계가 존재한다는 관념을 지지한다. 그 세계는 물론 — 아무리 기이해 보여도 — 우리의 지각 기관과도 독립적이다. 실은 관건은 지각이기에 그렇다. 그럼에도 우리가 만약 이 세계를 우리와는 무척 다른 개념적 도식과 지각 기관을 보유한 동물과 공유하려면 독립적이고 굳건한, 구조화되어 있는 공통된 어떤 지층이 존재해야 한다. 그래서 나는 라이프니츠가 아리스토텔레스를 다시금 따라가면서 동물들에 할당하고 대개의 경우엔 인간에게 할당했던 "유사 이성"을 연구하면서 — 더불어 아이스테시스를 텍스트의 바깥에 있는 무언가로서 내세우면서 — 데리다와 거리를 두었다. 이는 칸트부터 탈근대론자까지 이어지는 시각의 주지주의가 경험을 앎, 언어, 선입견으로 유지되는 불면 같은 것으로 간주했기 때문이다. 그들은 우리 행위의 많은 부분이 아무런 숙고·언어·인식 없이 명석판명한 관념이나 개념적 도식의 음영 없이 벌어진다는 사실을 헤아리지 않는 것처럼 보였다.

내가 그 세월 동안 "지각의" 존재론을 버리고자 한 건 아니다. 나는 지각이 우리의 개념적 도식과 맺는 관계 안에서 실행하는 저항 및 대조의 존재론을 버리고자 했다. 그 세월의 결과는 2001년에 출간된 책 『외부 세계Il mondo esterno』에 집약되었다. 나는 데리다에게 이 책을 아무런 증정사dédicace 없이 보냈다. 뭐라 써야 할지 몰랐기 때문이다. 내가 그를 계속해서 찬미하리라고 말하는 건 조금 비겁한 변명처럼 보였을 테고, 그렇다고 해도 "이 책으로써 나는 당신의 이론과 거리를 둡니다"

라고 말하는 증정사 같은 건 본 적이 없다. 하지만 그해 가을, 데리다의 세미나가 시작되던 날이었다. 내가 여러 번 말했던 것처럼 데리다가 먼저 말문을 텄다. 라스파이Raspail 거리에서, 강의가 있었던 강당의 문턱에서였다. 강의 시작 전에 마지막으로 파이프를 빨던 그는 가방에서 책을 꺼내더니 내게 증정사를 써달라고 했다.

나는 옳았다. 어떤 식으로든 나의 증정사가 중요했다는 의미에서가 아니라 여하간 그게 불가결했다는 의미에서 말이다. 특히나 그 책은 다른 누구보다도 데리다에게 빚을 가장 많이 지고 있었다. 분명히 그랬다. 그것은 내가 오래도록 참이라고 믿어온 모든 것(해석학과 해체)과 단절하는 가장 급진적으로 해체적인 책이기도 했지만, 동시에 내가 주술에서 풀려나기 위한 치유책을 모색하는 책, 달리 말하면 『이성적 미학』의 시기에 내보인 역사적 박학함과 단절하는 책이기도 했다.

상술해보자. 최근 나는 1990년대 초부터 내가 어떻게 데리다로부터 멀어질 생각을 하게 되었는지 회상했다. 그러나 나는 정말로 데리다에게서 멀어졌던 것일까? ("멀어진다는 게 가능하긴 할까?"라고 데리다는 응수했을 것이다. 그러나 스스로 생각건대 나는 양식을 다시금 모방하려고 그렇게 말하는 게 아니다.) 1990년대의 끝자락에서 맑스를 (그러니까 이 점을 잊어서는 안 되는데 유물론을) 유령적으로 불러낸 뒤의 후기 데리다의 작업을 살펴보면 우리는 다름 아닌 촉각을 발견하게 된다. (장-뤽 낭시에게 헌정된 긴 저작[*Le toucher, Jean-Luc Nancy*, Paris, Galilée, 1998]에서 특히 그렇다.) 그리고 동물도 발견하게 된다. 데리다가 내게서 뭔가를 차용해 갔다는 뜻이 아니다. 의미심장한 것은 어떤 지점에서는 데리다도 개인적으로 실재로 되돌아갈 필요성을 느꼈다는 사실이다. 그리고 나의 경우와는 달리 이는 그의 경력 초입이 아니라 그가 최고의 영광을 누릴 때, 더군다나 견해를 바꾸기가 쉽지 않은 나이에 벌어진 일이다. 이후 내가 끊이지 않고 한 것은 특정한 데리다를 다른 데리다의 이름으로 거스르는 일이었다. 나는 이 점을 지금 자각하고 있다.

존재론과 인식론을 구별하는 일, 존재하는 것과 우리가 알고 있는 것을 구별하는 일은 확실히 "텍스트 바깥은 없다"는 주장으로 이어지는 치명적인 혼동들을 회피하기 위한 수단이었다. 그 주장은 데리다가 『기하학의 기원』의 서설에서 에크리튀르가 이념적 대상들의 가능 조건이라고 주장했을 때 이미 미묘하고도 은밀하게 수립되었던 것이다. 이 지점에서 나라면 차라리 에크리튀르가 이념적 대상들을 사회화하고 전승 안에 기입하기 위한 가능 조건이라고 말할 것이다. 그러나 이념적 대상들의 사회화와 기입은 그 어떤 경우에도 이념적 대상들의 존재론과 혼동될 수 없다. 이념적 대상들은 공간과 시간의 바깥에, 주관과는 독립적으로, 모든 에크리튀르와는 독립적으로, 모든 기억이나 전승과는 독립적으로 실존한다. 그렇지 않다면 피타고라스의정리를 발견하는 일과 『주사위 던지기Un coup de dés』를 쓰는 일이 서로 하등 다를 바 없었을 것이다.

하지만 동시에 나는 우리와는 독립적으로 실존하는 어떤 존재, 임의의 개념적 도식과는 독립적으로 실존하는 어떤 존재라는 관념이 『목소리와 현상』의 한 대목에서 발원했음을 자각하고 있다. 그 대목에서 데리다는 존재의 정초적 성질은 현전présence이라고 쓰면서 현전이란 우리 이전에도 우리 이후에도 존재함이라고 덧붙인다. 여기에 곧 존재론이, (자연적 대상으로서 이해된) 존재하는 무엇ce que c'est이 있다. 그리고 데리다가 차연으로서 주제화한 것이 바로 에크리튀르이자 인식이고 앎이다. 그것은 우리가 발견하는 것, 우리 자신인 것, 우리가 사유하고 희망하는 것에 삶을-넘어서는-삶survivance을 약간 부여하기 위한 투쟁이다. 이 차연의 사실, 이 참조, 이 내재적 역사성은 인식론의, 우리가 "문화"라고 부르는 눈부신 역사의 고유한 성질이다. 의심의 여지 없이 이 역사는 텍스트 바깥에 존재하지 않는다.

나는 이미 이념적 대상과 자연적 대상이라는 두 범주를 가동시켰다. 내 해석에 따르면 이 범주들은 20세기의 다른 여러 철학자와 마찬가지로 데리다도 충분히 구별하지 못한 것이다. "텍스트 바깥은 없다"는 명제가 이를 증명한다. 그러나 그렇지 않다. 산montagnes은 텍스트 바깥에 실존한다. 수nombres도 정식théorèmes도 마찬가지다. 그것들은 지구상에 텍스트가 단 하나도 없더라도, 인간이 단 한 명도 없더라도 실존했을 것이다.

사회적 대상들의 경우에는 사정이 다르다. 특히 우리의 삶을 이루는 약속, 내기, 지식의 경우에는 더욱 그렇다. 확실히 그것들은 텍스트를 요구하며, 이는 문서 및 기록이 우리에게 중요함을 잘 보여준다. 우리가 호주머니에 아카이브들을 가지고서 돌아다니는 것이 이를 통해 설명된다. 졸저 『휴대전화의 존재론Ontologie du téléphone portable』 이래 내가 "텍스트 바깥은 없다"처럼 단정적이고 지지할 수 없는 단언을 누그러뜨리게 되었다면 그 때문이다. 나는 그것을 "텍스트 바깥에 사회적인 것이라곤 없다"는 단언으로 변환시켜 내 사회적 존재론의 근저에 두었다. 하지만 그 단언의 어떤 면에서 내가 데리다로부터 그토록 멀리 떨어져 있었는가? 어떤 면에서 나는 현전했으되 자리를 받지 못했던 잠재적인 주장들을 발전시키게끔 제한되었는가? "그가 그이고 내가 나였기 때문이다."

문서의 중요성은 그라마톨로지라는 데리다적 관념의 이면에서 이미 찾아볼 수 있다. 그럼에도 그라마톨로지는 차라리 로고스 중심주의에 대한 비판이나 에크리튀르에 비한 음성의 우월성에 대한 비판으로 정식화되었지, 문서 됨documentalité에 관한 이론, 사회적 대상들의 실존의 지반에 있는 기입과 기록에 관한 이론, 사회적 존재론으로 정식화되지는 않았다. 그가 그였기 때문이다. 내가 — 설Searle에 관한 『데리다의 옹호와 현양』으로 내가 간주하는 것과 관련해서 — "텍스트 바깥은 없다"는 [*명제가] "자명하게 틀렸다"고 말하는 설이 옳다고 여기게 되었다면, 내가 정말이지 그렇게 생각하게 되었다면 이런 이유에서다. 하지만 나는 데리다가 그라마톨로지를 통해서 설의 것보다 더 강력한 사회적 존재론을 제안했다고도 믿는다. 설은 사회적 현실을 토대로 한 어떤 실체entité가 있다는 듯 굴었지만 그건 신비로운 것, 개연성 없는 것이었다. 그 실체란 집단적 지향성인데, 실은 모든 사회적 현실이야말로 언어적·비언어적 행위들에 의한 기록이 낳은 과실果實로 그 행위들은 개개인의 지향성에 의존하며, 지향성은 또 지향성대로 기입·문서·규범에 의해 배태된다.

아카이브라는 관념만큼 데리다의 사유에서 존재감 있었던 것도 드물다. 그는 이 관념을 사회적 현실의 구성보다는 (개인적·집단적) "살아남기survivance"와 연관시켰다. 하지만 현실적으로는 이념이 있었다. 제 모든 힘과 모든 분절을 가지고서 말이다. 나는 그가 『아카이브의 열병』을 썼던 때를 기억한다. 1995년 4월 나폴리의 호텔 루와얄l'Hôtel Royal에서였다. 하이델베르크Heidelberg에서 "유사 이성"에 대해 작업하던 나는 『마르크스의 유령들』의 이탈리아어 번역본을 보여주기 위해 돌아와 데리다를 만났고, 그는 내게 그의 다음 저작을 알렸다. 데리다의 집 마당에서 지금 이 책을 위한 첫 번째 대화를 나누던 1993년 6월과 꼭 같았다. 그때 그는 리버사이드Riverside에서 곧 발표할 맑스에 관한 강연을 구체화하느라 무척 바쁘다고 얘기했다. 그것이 『마르크스의 유령들』의 모태를 이루었을 것이다.

나는 "텍스트 바깥에 사회적인 것이라곤 없다"라는 첫 번째 정식, 즉 내가 데리다의 명제를 약화시킨 모티프가 휴대전화에 관해 쓴 내 책에 있다고 말했다. 하지만 데리다가 아니었다면 나는 전화에 대해 쓰지 않았을 것이다. 여러 의미로 그렇다. 우선 "전화 중인 존재l'être-au-téléphone"라는 독특한 상태에 나를 주목하게 만든 것이 바로 데리다였다. 우르비노에서 1984년 발표된 조이스Joyce에 관한 강연에서였다. 데리다는 전화 중인 존재를 무척 강렬한 것으로 간주했고, 그래서 이메일을 전혀 사용하지 않았다. 하지만 휴대전화에 이르는 직접적인 계보가 존재한다. 2001년의 시라큐스에서였다. 나와 함께 산책하면서 휴대전화는 컴퓨터보다 더 강력한 객체라고 주장하던 데리다를 우리는 높이 평가해야 한다.

어떤 선지자적이고 예언자적인 정신이 [*그로 하여금] 그렇게 예견하게끔 만들었는지는 모른다. 오래전 1967년, 아무도 개인용 컴퓨터를 예견하지 못했음에도 새로운 시대가 목전에 있다고 간주되던 그때, 맥루언이 에크리튀르가 사라지리라고 주장했던 바로 그때, 그 동일한 예언자적 시야로 데리다는 우리가 어쩌면 책의 종말과 가까이 있는지도 모른다고, 그러나 그 종말은 에크리튀르의 폭발로 이어지리라고 주장했다. 그때부터 실제로 그렇게 되었고, 그것도 아주 잠깐 사이에 그렇게 되었다. 개인용 컴퓨터는 놀랍도록 구석구석 퍼졌다. 모두가,

심지어는 개인용 컴퓨터를 발명한 이들조차 놀랐다. 휴대전화가 컴퓨터에 승리를 거두리라고 예언했을 때 데리다는 어떤 의미로는 로고스 중심주의자였다. 왜냐하면 휴대전화의 본성에 관한 논의에서(2001년에 [*휴대전화로] 문자메시지를 주고받는 일은 거의 없었고 이메일을 주고받는 일은 더욱 없었다) 데리다는 어떤 고문 도구 같은 것으로의 진화를 예견했기 때문이다. 그것은 배우나 비행사가 쓰는 것처럼 상시 연결된 이어폰과 마이크를 지닌 도구가 되리라는 것이었다. [*휴대전화가 순전히 음성적인 도구가 되리라는 데리다의 예측과는 달리] 사태는 우리가 목격한 대로 진행되었다. 휴대전화는 진화하여 새로운 기록 기계가 되었고 거대한 아카이브가 되었다. [*특정한] 데리다에 입각하여 [*다른 어떤] 데리다를 규탄할 수 있을 것이다. 그러니까 데리다는 그 어느 때보다도 옳은 것이다. 휴대전화는 그라마톨로지의 가장 커다란 승리다.

이 책은 데리다와의 대화를 실은 나의 유일무이한 책일 운명은 아니었다. 데리다와 나는 다른 책을 기획했었다. 2005년에 크리슈토프 니리Kristof Nyir의 주관으로 휴대전화를 주제로 한 콜로키엄이 부다페스트에서 크게 열릴 예정이었다. 니리는 내게 데리다와 이 주제에 관한 대화를 준비해달라고 제안했다. 우리는 2004년 7월 메이나Meina에서 만났을 때 이에 관해 마지막으로 이야기했다. 우리는 공동으로 글을 쓰기로 계획했고, 그러면서 어쩌면 10년 전부터 개시된 우리의 기획을 반복하게 될지도 몰랐다. 당시 나는 나 자신과의 평화를, 이에 따라 데리다와의 평화를 찾은 것처럼 느껴졌다. 아무런 거스름이 없는 것처럼 느껴졌다. 8월 말 라이프치히에서 사회적 존재론에 대해 작업하던 나는 설의 논의에서 설득되지 않았던 부분을 이해하기 위해서 애쓰면서 그에게 전화를 걸었다.

데리다는 리우데자네이루에서 마지막 여행을 마치고 돌아온 참이었고, 우리는 파리에서 10월 초에 만나기로 결정했다. 만날 날을 며칠 앞두고 그에게 다시 전화를 걸었으나 응답기가 전화를 받았다. 휴대전화로 걸어보았지만(그에게는 휴대전화가 있었다) 계속 꺼진 채였다. 나는 걱정이 되었고 예감은 틀리지 않았다. 2004년 10월 9일, 발레리오 아다미Valerio Adami가 내게 전화를 걸어 우리의 친구 자크가 몇 시간 전 세상을 떴다고 알렸다.

이제 그대 안에 거하도다. 지드의 이 표제를 얼마나 되뇌었던가. 삶을-넘어서는-삶은, 애도 작업은 여기서 정말이지 개시되는 것이다. 이는 여러 단계를 거치는데, 첫 번째 단계는 휴대전화에 관한 책이었다. 그것은 실현되지 않은 저 대화를 대신하기 위해서 태어났다. 이건 "해체를 재구축하기Reconstruire la déconstruction"라는 기획과 이어진다. 문서 됨이 그 기획 안에 기입되며, "신新실재론"이라는 제안도 그렇다. 이 주제와 관련한 최근의 기억은 데리다가 오래도록 교사로 지냈던 고등사범학교에서의 2011년 1월 31일의 강연이다. 나의 "담백한 글쓰기"에 감사를 표한 데리다의 편지가 30년 전의 일이 되어 있었다. 그날 밤 마르그리트 데리다Marguerite Derrida의 참석은 내게 영광스러운 일이었다. 그녀는 나라면 어떻게 했을지 보고 싶었던 것 같다. 10년 전 메이나의 호텔 바에서 그녀가 자크와 함께 지각知覺이라는 주제를 두고 근미래에 관해 말한다는 게 무슨 뜻인지 이해하려던 때처럼 말이다.

"해체를 재구축하기"라는 강연 표제가 좀 거만해 보였을 수도 있다. [*그러나] 거만하기로 최악인 것은 "해체를 해체하기" 아니겠는가? 대가연하는 지양의 유희 속에서 [*해체보다] 더 멀리 가고자 하는 것 말이다.

그러나 나로서는 개념들의 상호 의존을 보여주기보다는 구별들을 추적하고 싶었다. 대상들의 유형을 구별하고, 존재론과 인식론을 구별하고 싶었다. 나는 탈근대적인 반실재론에서 대중 영합주의를 배태하지는 않았을지라도 그걸 이론적으로 정당화하는 무언가를 본다. 논의 중에 다니엘 코엔-레비나스Danielle Cohen-Levinas는 나더러 왜 저항을 고집하느냐고, 왜 사실들에 집착하느냐고 물었다. 그것이 우선 기억의 의무라고 나는 대답했다. "사실들은 존재하지 않고 해석들만이 존재한다"고 주장한다면 아우슈비츠도 부인될 수 있고, 그와 더불어 기억 안에서의 삶을-넘어서는-삶 전체가, 정의 전체가 부인될 수 있지 않느냐고 말이다.

나는 데리다도 똑같이 대답했으리라고 믿는다. 거만하게 굴면서 말하는 게 아니다. 말년에 거듭 반복되는 "정의는 해체 불가능한 것"이라는 그의 문장은 그런 의미 아닌가? 그것은 "사실들은 존재하지 않고 해석들만이 존재한다"와는 정반대의 것이다. 어떤 의미로는 우리의 전쟁은 그것이 아무리 불투명한 것이라 할지라도 저항하는 무언가, 존중을 요구하는 무언가를 위한 것이다. 기실 내가 보기에 "정의는 해체 불가능한 것이다"는 "사실들은 존재하지 않고 해석들만이 존재한다"보다는 "실존이란 곧 저항이다"와 천배는 더 가깝다.

데리다가 『우정의 정치』에서 이야기하듯 모든 우정은 두 친우 중 하나만이 다른 친우(데리다의 경우에는 행복하게도 친우들)의 기억 속에서 살게 되는 순간이 오리라는 확실성 위에서 구축된다. 자기의 정식 속에서 많이도 헤아린 저자 지드는 바르게도 말하는 것이다. 이제 그대 안에 거하도다. (그리고 실은 더 간결하고 심원하게 데리다적인 문장을 찾기란 쉽지 않다.) 지드는 솔직함sincérité은 가장 많이 미리 숙고된 것이라고 주장한 저자다. 이는 루소와 니체의 지나치게 문학적인 고백에 나올 법한 이야기다. 우리가 알다시피 루소와 니체도 알제리에서 지드를 읽던 시절 데리다에게 중요했던 저자들이다. 물론 이는 성 아우구스티누스의 고백록에도 나올 법하다. 『할례 고백』에서 데리다는 아우구스티누스를 선조이자 동포로서 마주하며, 모든 걸 알고 계시는 존재에게 고해하는 인간이라는 역설에 대해 논한다. 그러나 그 인간은 그렇게 하기로 동의했는데, 이는 진리를 실행하기faire la vérité 위해서이고, 극도로 미리 숙고된 제고유한 솔직함으로 많은 증인 앞에서 글로 써서in stilo autem meo et coram multis testibus 증언하기 위해서이다.

 실로 그렇다. 솔직함은 가장 많이 미리 숙고된 것이다. 나는 데리다에게 솔직하고자 했다. 내가 아는 데리다라면 이렇게 솔직함을 공언하는 게 탐탁지 않았을 수도 있다. 그에게는 비밀을 애호하는 취향goût du secret이 있었기 때문이다. 그는 거기서 어떤 선행적 숙고를 봤을 것이다. 아마 데리다라면 지드와 마찬가지로 "솔직한 동시에 솔직해 보이기란 불가능함"을 알아차릴 것이다. 덧붙이건대 여태까지의 나의 작업 전체는 그런 선행적 숙고 안에 응축된다. 나는 1976년에 아주 우연한 계기로 데리다를 읽게 됐다. 그것은 극도로 곤혹스러운 체험이었다. 1976년 이래로 나를 지금도 사로잡고 있는 작업 전체, 내 작품의 가장 큰 일부를 이루는 작업 전체가 바로 그 안에 응축되어 있다.

옮긴이의 말
우정의 공동체 혹은 비밀의 공동체

"침묵을 지키는 게 우정인 것이 아니다,
우정이 침묵에 의해 지켜지는 것이다."
자크 데리다, 『우정의 정치』[1]

『비밀의 취향』은 주로 페라리스(와 바티모)가 묻고 데리다가 대답하는 형식으로 이루어진 대담을 모은 것으로 사상가로서 무르익은 데리다의 자기 변론이기도 하고 인간으로서 완숙한 데리다의 비망록이기도 하다. 특히 세 번째 대담은 데리다의 자서전 요약본이라고 해도 좋을 정도다. 거기서 데리다는 한 개인의 독특하고 개별적인 생生이 어떻게 보편타당함을 자처하는 철학적 진리로 결정화結晶化될 수 있는지, 그럼에도 철학적 진리가 특정한 생으로 환원될 수 없다면 어째서인지 자기 자신을 근거이자 사례로 삼아 보이고자 한다. 철학적 진리

---

[1] J. Derrida, *Politiques de l'amitié*, Paris, Galilée, 1994, p. 71.

는 한편으로는 특정한 맥락·상황·역사 안에 처한 개인의 생을 통해 발견되고 생산되는 것이지만, 다른 한편으로는 그 나름의 "초월적" 생을 구가함에 따라 자신을 발견하고 생산한 바로 그 생을 초과한다. 그렇게 철학적 사유는 역사적 독특성과 철학적 보편성을 한꺼번에 요구하면서 그 사이에서 무한히 진동한다. 대개의 철학적 저작들이 감추느라 바쁜, 그래서 좀체 맛보기 힘든 이 진동을 가감 없이 드러낸다는 점에서 『비밀의 취향』은 귀중한 문헌이다.

여기에는 공동 서명자 페라리스의 우정 어린 후기가 붙어 있어 그 외에 굳이 말을 보태는 것이 저어된다. 그러나 언제나 그렇듯 우리에게는 이 기억을 이어나갈 책무가 있다. 사실 그것이야말로 우정의 요체를 이룬다. 친우가 세상을 뜬 뒤에도, 그래서 그가 더 이상 내게 무언가를 해줄 수 없어도, 혹은 더 정확히는 내가 그와 더불어 무언가를 할 수 없어도 여전히 그를 추념하는 것, 여전히 그와 함께 살아가는 것, 후기에 후기를 덧붙이는 것. 그래서 우리는 앞서 예고했듯이(본문 110쪽 각주 18), 이 대담집의 우정에 관한 대목과 다소 거리가 먼 옮긴이의 말을 붙이는 것으로 해제를 짧게 갈음하고자 한다. 『비밀의 취향』의 구절구절마다 데리다, 페라리스, 바티모의 우정이 배어 나오기에 이는 완전히 생뚱맞은 일은 아닐 터이다. 게다가 '비밀의 취향'이라는 표제부터가 데리다의 우정 개념과 떨어지지 않는다. 데리다에게 우정이란 무엇보다도 비밀을 애호하는 취향이다. 이 무슨 황당한 소리일까?

자기보다 작고 사소한 것에 대한 사랑이 애완simple affection이라고 불리고 자기보다 크고 위대한 것에 대한 사랑이 헌신dévotion이라고 불린다면, 자기와 유사하거나 같은 것에 대한 사랑은 우정이라고 불린다(사랑의 데카르트적 분할).[2] 그래서 우정은 종종 연대를 위한 정념이나 동등자의 공동체를 구성하기 위한 정념으로서 소환되곤 했다. 그러나 우리가 사상적으로도 실제적으로도 결국 확신하게 된 것은 우리가 서로 동등하기는커녕 우리 각자는 서로에 대해 전적으로 타자라는 사실이었다. 유사성·동등성·공통성을 토대로 삼아 공동체를 구축하고자 했던 시도들이 숱하게 난파했다.

이에 카뮈는 연대solidaire냐 고독solitaire이냐고 묻고 둘을 포갬으로써 '고독으로 연대하는 인간'이라는 현대적 이미지를 향해 내달린다. 우리 모두는 저마다 외롭고, 모두가 그렇게 외롭기 때문에 그 외로움을 통해 하나가 된다는 이야기다. 이는 극도의 개별성에 도달하여 그것을 공통성으로 전환시키고자 하는 사유의 운동이다. 이를 '최소 지향적 공통성'이라고 부르자. 이런 최소 지향적 공통성은 매력적이고 설득력이 있다. 그것이라도 없다면 오늘날 우리가 도대체 공통분모란 걸 찾을

---

[2] R. Descartes, *Les passions de l'âme*, §83[르네 데카르트, 『방법서설/성찰/철학의 원리/정념론』, 소두영 옮김, 동서문화사, 2016에서 『정념론』의 제83항].

수 있는지 의문이긴 하다.

그럼에도 데리다는 이 지점에서 무척 냉정하고 현실적이다. 그는 페라리스와의 대담에서 주장한다. "우리는 우리가 서로 아무런 공통점이 없다는 것을 알고 있다는 점에서 공통됩니다. 이 주제에 관해서라면 끝없이 합의를 볼 수 있습니다. 그러나 이런 합의는 그 무엇에도 도움이 되지 않습니다. … 그걸로는 아무런 진전이 없습니다."(본문 109-110쪽) 하지만 이렇게 최소의 공통성까지, 모두가 합의 가능한 거의 유일한 공통성까지 유보하고 나면 우리는 대관절 어디에서 출발해야 공동체의 구성을 위한 기본 원리를 사고할 수 있을까?

데리다는 『우정의 정치』에서 아리스토텔레스의 명제 "오 나의 친구들이여, 친구란 없다네" 및 그에 관한 니체의 산발적이고 희화적인 논의들을 집중적으로 독해함으로써 '우정의 공동체'가 무엇에 의거해서 존립하는지 밝히고자 하는데, 그가 니체를 경유해서 최소의 공통성에 가하는 교정은 무척 사소하고 미묘한 것이다. 간단하게 말해서 데리다는 "모든 인간은 고독하다"는 최소의 공통성을 곧장 직접적으로 공동체 수립의 원리로 삼을 수는 없다고, 그 대신 그 공통성에 대한 우리의 '태세'를 가지고 어떤 공동체의 구심적이고 정초적인 원리로 삼을 수 있다고 생각한다.

우리 각자가 서로 고립되어 있는 고독한 존재라는 사실은 물론 명증하다. 근본적으로 너와 내가 분리되어 있는 모나드들이고, 유리되어 있는 개별자들이라는 건 참이다. 즉 모든 타자는 전적으로 타자다. 데리다가 보기엔 이것이 후설적 간접 제시Appräsentatio의 한 가지 함축이다. 그러나 그런 진리를 가지고 "끝없이" 합의를 보는 것만으로는 아무런 공동체도 수립할 수 없다. 오히려 공동체는 그런 자명한 사실 앞에서 침묵을 지키고 입을 다무는 것, 즉 우리 각자가 서로 고립·유리·분리되어 있다는 진리를 굳이 적시하지 않는 것, 그렇게 '비밀'을 지키는 것에 의해서 지탱된다.

우정을 가능케 하는 바로 그것이 동시에 우정을 와해시키는 것이기도 하다는 기묘한 논리가 여기 있다. 끝까지 헤아려 본다면 '우리가 서로 친구인 것은 (오로지) 우리가 친구이기 때문'이라는 문장은 '우리가 서로 친구인 것은 (근본적으로는) 우리가 꼭 친구일 필요가 없기 때문'이라는 문장과 등치다. 우정을 가능하게 하는 근원적 진리란 무엇인가? 그것은 우리 모두가 분리되어 있고 유리되어 있고 고립되어 있다는 것, 따라서 고독하다는 것이다. 고독하지 않다면 애초에 우리에게 왜 친구가 필요하겠는가? 우리는 외롭기 때문에 친구를 찾는다. 그런데 이는 우정에 의해, 더 정확히는 우정을 '위해' 은폐되어야만 하는 진리이기도 하다. 고립의 근원성을 확인할수록 우정이라는 관계의 무연함과 무상함이 더 분명히 드러날 뿐이기 때문이다. 어째서 우리는 지금 여기 함께 친구로서 있게 되었는가? 실은 거기에는 아무런 이유가 없다. 우정은 정초되지 않은 것, 근본적으로 무저sans-fond한 것이다. 데리다도 인용하는 니체의 말을 빌리자면 "우리의 모든 동맹과 우정들이 서 있는 이 땅은 얼마나 불안정한가, … 모든 인간은 얼마나 고독한가!"[3]

그렇다면 우정에는 확고하고 필연적인 토대가 없다는 이 명증한 진리를 뻔히 알지라도 발설하지 않는 것이 우정을 수호하는 준칙이고 우정의 윤리이겠다. 기쁨은 나누면 배가 되고 슬픔은 나누면 반이 된다지만, 고독만큼은 공유할 수 없고 나눌 수 없는 것이다. 그것이 고독의 근본 규정이다. 우리는 각자 고독할 뿐 결코 함께 고독할 수 없다. 그리고 침묵은 이 공유 불가능한 것을 공유하는 유일한 방식이다. 우정의 무저함을 직시하는 것으로는, 그 진리 자체를 끊임없이 진술하고 다시금 언급하는 것으로는 공동체를 와해의 위험에 처하게 만들 따름이어서 "아무런 진전이 없다." 오히려 그것을 마주하여 굳게 입을 다물 필요가 있다. 우정에는 결국 아무런 토대가 없다는 이 논박 불가능한 하나의 사실을 구태여 드러내고 적시하고 지적하지 않는 인내야말로 우정을 유지시킨다. 요컨대 우정은 소위 '친구들'이 결국엔 서로 완전한 타인이라는 진리를 잠시 감추고 미뤄둠différer으로써, 그 진리를 구태여 입 밖에

---

[3] 프리드리히 니체, 『인간적인 너무나 인간적인 I』, 김미기 옮김, 책세상, 2001, §376.

내지 않음으로써 지켜지는 것이다. 우정의 불가능성("친구란 없다네")은, 그에 대한 침묵이 지켜지는 한에서라면, 우정("오 친구들이여")의 가능 조건이다.

이 비밀스러운 진리는 누설하지 않을 의무를 부과하는 친구의 이런저런 비밀들 중 하나가 아니고, 굳이 들추어지지 않아도 좋지만 유독 솔직함이라는 미덕을 빌미로 지적되곤 하는 친구의 이런저런 흠결들 중 하나는 더욱 아니다. 그것은 친구라는 관념 자체를, 우정이라고 불리는 사태 자체를 정초하는 비밀이다. 우정을 수호하기 위해 필요한 용기는 진실을 말할 용기가 아니라, 자명한 진리를 곁에 두고도 입을 다물 줄 아는 용기다. "물론 친구라는 것은 있다. 그러나 너에 대한 오류와 착각들이 그 친구들을 너에게 이끌어온 것이다. 그리고 너의 친구로 계속 남기 위해 그들은 침묵하는 것을 배워두어야만 한다."[4] 『마르크스의 유령들』에서 데리다가 타자의 대표적 표상으로서 제시하는 것이 면갑을 쓰고 굳게 침묵을 지키는 유령이라는 사실은 이와 동궤에 있다.

후기의 말미에서 자신은 내내 데리다에게 "솔직"하려 했다고 고백하면서 정작 데리다로서는 이를 달가워하지 않았으리라고 우려를 표하는 페라리스의 머뭇거림은 이런 맥락에서 이

---

4 프리드리히 니체, 『인간적인 너무나 인간적인 I』, 김미기 옮김, 책세상, 2001, §376.

해되어야 한다. 솔직함에는 '비밀의 취향'으로서의 우정과 본 질적으로 대척하는 면이 있는 것이다. 우정은 친구에 대한 애호이기에 앞서 비밀에 대한 애호다. 우정의 공동체는 비밀의 공동체다.

이로써 데리다는, 설령 아주 미소한 차이일지라도, 여타의 급진적 타자성의 사상가들과 확연히 결별한다. 모든 타자가 전적으로 타자임을 긍정하는 것은 진술문적으로 확인한다는 의미에서 그것을 언술하는 것과는 구별되어야 한다. 당연하지만 그런 전적인 타자성을 철저하게 사유해야 한다. 그러나 이를 소리 높여 고지하고 언표하는 것은 전혀 다른 문제다. 어쩌면 이렇게 말할 수 있을지도 모른다. 우정이 시작되는 곳에서 철학은 멈춘다고. 최소한 특정한 철학적 전통을 고려한다면 그렇다. 우정 어린 관계에서 우리는 올곧게 진리를 추구하는 철학의 전통, 나아가 여하한 학學의 전통과 결별하게 된다. 이는 지sophia의 사랑philein이라는 철학philosophie의 본령을 우정이라는 관념에서 출발해서 되새기는 것이기도 하다. 데리다에게 철학자는 단순히 진리를 밝히는 학자, 교설하는 사제, 전달하는 전령이기에 앞서, "진리의 친구"[5]여야 한다.

다시 카뮈로 돌아가서, 설령 그가 말한 대로 자살 ― 우리는 왜 죽지 않고 사는가? ― 만이 진정한 철학적 문제라고 해

---

5 J. Derrida, *Politiques de l'amitié*, Paris, Galilée, 1994, p. 63.

도, 관건은 여전히 침묵의 연대다. 자살을 감행하려는 이를 끝까지 붙드는 것은 단독자적 생에 대한 미련이 아니기 때문이다. 개별적인 자기의 '혼잣말' 안에서 삶을 지속할 근거를 찾으려는 노력은 거의 필패다. 자살에 대한 가장 강력한 반론은 정연한 장광설이 아니라 책임져야 할 가족들의 존재이고 말없이 고락을 나눴던 친우들의 존재다. 그들은 눈부신 진리 앞에서 나와의 우정을 지키기 위해 입을 다물었던 사람들이고 나를 기억해줄 사람들이다. 내 삶의 가치는 내재적으로가 아니라 타자의 그런 관대함을 통해서, 환대를 통해서 증명된다. 하나의 삶은 이미 여러 개의 삶과 직조되어 있는데, 그것도 미처 실감할 수 없을 만큼 조용히 그렇게 되어 있는 것이다.

낯선 언어의 내부를 방황하는 번역 과정에서 나는 우정의 공동체에 의존했다. 고해종과 배세진은 본문을 전체적으로 훑어주었고, 첼란과 헤겔이 인용되는 부분에선 각각 박술과 이현종의 조언을 얻었다. 엄태연은 거친 국역 초고를 프랑스어 원문과 대조하는 수고를 기꺼이 감내했다. 그들이 아니었더라면 나는 친구나 우정이란 게 무엇인지 잘 이해하지 못했을 것이다. 아들의 긴 공부를 묵묵히 지켜봐주시는 부모님께, 그리고 가장 가까운 타자인 나경과 가장 탁월한 타자인 하영, 하랑에게 감사를 표한다.